先生が本《おはなし》なんだね

語りの入門と実践

伊藤 明美

装幀　水野哲也（Watermark）

◎目次◎

この本を最愛の母、横井登美子に捧げます

まえがき

「伊藤さん、図書館の伊藤さんですよね」

仕事帰りに立ち寄ったコンビニエンスストアで、レジのアルバイトをしている高校生に声をかけられました。

「小学校の時、おはなしにきてくれたでしょう。わたし、あれがすごく楽しみでした。今でも覚えてます。「熊の皮を着た男」でしょ、「テイザン」でしょ、「ガチョウ番の娘」でしょ?」

次々におはなしのタイトルをいう彼女の目はきらきら輝いています。数年前のことを昨日のことのように語ってくれる彼女。語り手としてこんなに嬉しいことはありません。心の中におはなしがずっと生き続けていたことに驚き、古来から語り継がれてきた昔ばなしの持つ力を感じます。

「まあ、よく覚えていたわね」と応えたわたしに、また彼女がいいました。

「ああ、その声、その声です。その声でおはなしを聞いたんです。伊藤さんがおはなしをすると、なんか知らない間に、違う世界に行ってました」

彼女はおはなしの内容だけでなく、わたしの声もよく覚えているというのです。年に一回か二回おはなしをしただけだというのに。彼女は、わたしの声でおはなしの世界を想像していたのです。その日、わたしは、おはなしを続けてきて良かったという思いで胸を熱くしながら家に帰りました。そして、おはなしの喜びは、聞き手と語り手が共有するものであることを改めて教えてくれた彼女に感謝しました。子どもたちの成長のささやかな時間に、おはなしを届けたい、そんな思いでこれまでも、これからも語っていきたいと思います。

この本は、わたしが子どもたちから学んだ経験を元に、語りについての考えをまとめたものです。1.から7.までは入門編として、これからおはなしを語ろうとしている方に(もちろん、今語っている方にも)お伝えしたいことを書いています。プログラムについても参考となる例を多くあげています。また、この本の中での「おはなし」は、「昔ばなし」だということを最初に申し上げておかなければいけません。なぜならわたしが語るのは、創作のおはなしもありますが、ほとんどが昔ばなしだからです。その理由は、

7.をお読みください。

8.から12.は、今語っている方が、より良い語りをするためにお伝えしたいことを書いた実践編です(もちろん、これから語ろうとしている方にも)。冒頭にあげたエピソードの彼女が、わたしの声でおはなしを覚えていたということをきっかけに、声や息について深く考えた結果、日本語で語るわたしたちは、日本古来の伝統芸能に学ぶことがたくさんあることに気づき、とくに8.ではそのことについて書きました。

付録はわたしが実践して良かったと思う昔話絵本や昔話集を紹介しています。

これからおはなしを語ろうとしている方は入門編と付録を読み、語り慣れてきた時に実践編を読んでいただいてもかまいません。子どもたちに語りを届ける仲間からの一考察として、読んでいただければ幸いです。

1. おはなしと出会い、子どもに学ぶ

◎入門編◎

おはなしと出会う

わたしがおはなしと出会ったのは、大学を卒業して、図書館司書の資格をとる勉強をしていた時です。児童サービスのひとつに、おはなし（ストーリーテリング）というものがあり、テキストを覚えて語るものだという説明でした。実際におはなしを耳で聞いたのは、図書館に就職した後のことでした。

わたしは一九八三年三月、千葉県浦安市の中央図書館開館に伴って採用されました。が、開館当初はおはなし会ができる状況ではありませんでした。毎日大量の本の貸出に追われていましたし、わたしを含めて職員は新人ばかりで、おはなしができる者は先輩ひとりだったからです。

市民のボランティアを募っておはなし会を開くことは可能だったかもしれません。でも、図書館のおはなし会をボランティア任せにしてはいけない、図書館員はおはなしを語らなくてはいけないというのが館の考え方でした。語り慣れない新人の語り手がうろ覚えのおはなしをして、子どもたちを失望させたら、子どもたちは図書館に戻ってこないでしょう。それくらいなら、体制が整うまでおはなし会の開催を延期するという判断は正しかったと思います。半年後には、おはなし会を開きたいと、おはなしができる市民と一緒に、毎月おはなしの研修会を持ちました。

最初の頃に覚えたのは、「ミアッカどん」「金いろとさかのおんどり」「ヤギとライオン」などです。わたしは覚えるのが苦手だったので、なるべく短く、歌がはいっているおはなしを選びました。今から思うと必要以上に声色を使い、恥ずかしい語り方だったのではないかと思います。先輩からいわれたのは、一言一句間違えずに覚えること、覚えたてのおはなしをいきなり子どもに語ってはいけない、大人に聞いてもらってから子どもの前に出すこと、でした。ですから、テキストはけっして間違えないように、研修会の前は胃の痛む思いでした。新人五人に少しずつ語れるおはなしができ、図書館のおはなし会が開けるようになると、子どもたちがやってきました。五歳以上としていたにもかかわらず、もっと小さな子が入って人数も多くなり、四歳以下の子には「えほんのじかん」という絵本の読み聞かせの時間を別に設けることにしました。子どもたちの前で語るのはとても楽しく、その反応に一喜一憂しながら、もっとおはなしを語りたいと思いました。

その年の暮れ、東京の図書館員のグループがクリスマスおはなし会をするというので聞きに行きました。今ほどあちこちでおはなし会が開かれていなかったので、どこかでおはなしが聞けるというと、遠くても出かけて行ったのです。図書館の会議室のようなところで数人が順におはなしを語ってくれたのですが、途中からなぜか居心地の悪さを感じ、心から楽しめなくなってしまいました。それぞれのおはなしの内容は楽しいし、語り手たちも一生懸命なのは感じるのですが、どのおはなしも語り出し方や間の取り方が同じで、それが気になって仕方がなかったのです。

がっかりしていたとき、船橋でベテランの語り手のおはなし会があると、先輩が誘ってくれ、出かけて行きました。そこで出会った語りがその後のわたしを決定づけました。藤井早苗さんが語った「たまごのカラの酒つくり」です。おはなしが始まったとたん、吸い寄せられるようにおはなしの世界にはいり、自分がおはなしの中にいるように感じました。アイルランドの暗い家の中、台所の火があかあかと燃えているその横に眠るしわくちゃの妖精。わが子を妖精に取り換えられてしまい動揺するおかみさん、そして路地で出会ったふしぎな女の忠告……、最後まで我を忘れて聞き入りました。なんておはなしっておもしろいんだろう、なんて素敵なんだろう。これを子どもたちに伝えたい。感動したわたしは、それから本腰をいれておはなしを覚えようと思ったのです。

おはなしは語らせてもらうもの

わたしは、子どもたちにおはなしを語ってあげる、のではなく、語らせてもらっているといつも思っています。子どもたちにおはなしを語ることは、聞き手の子どもたちからたくさんのことを学ばせてもらえるからです。

図書館のおはなし会にいつも来ている小三の男の子がいました。ある日、急に大雨が降り、おはなし会を始める時間になってもその子ひとりしか子どもが来ませんでした。そこで、「今日は君の好きなおはなしをするから、どんなおはなしがいい？」と聞くと、「ラプンツェル」と答えました。以前図書館のおはなし会で聞いて好きになり、「ラプンツェル」を聞きたさに毎回おはなし会に来ていたというのでした。「ラプンツェル」は女の子向きのおはなしと思い込んでいたわたしは驚き、そういうきめつけはやめようと思いました。もちろん、その日は彼のためだけに、一対一で「ラプンツェル」を語りました。

地域の文庫のおはなし会に出向いて語ることも増えていきました。図書館では不特定多数の子を対象にし、いつも少しずつ新しい子がいるのに対し、文庫の子どもたちは顔ぶれが決まっていて、おはなしも聞きなれています。おはなしをした翌月、お母さんから、「家でおそばを食べている時、ミアッカどんのやくみって、この薬味と同じって聞かれたんですよ」と、子どもの反応を聞くこともあり、励みになりました。

さらに、小学校のＰＴＡや先生から呼ばれることも増え、図書館や文庫のおはなし会とは違う、年齢のそろった聞き手の感触を知りました。

平成元年、市内の小学校の先生から図書館に依頼がありました。その小学校では、三年間国語の研究校としていろいろやってみたが、思ったほどの成果があがらなかったとのこと。子どもたちはあまり家庭で本を読んでもらう習慣がないので、子どもたちが本好きになるようなことを図書館でやってもらえないか、という依頼でした。

そこで、当時担当者はふたりでしたが、その小学校に出向き、六学年三十クラスに学期に一回おはなし会をすることにしました。四五分の授業時間中、おはなしを二つか三つと絵本の読み聞かせやブックトークを行いました。すると、子どもたちがとてもいい反応を返してくれ、その日の放課後図書館にやってきて、紹介した本を借りていってくれました。先生方も、子どもたちがおはなしが大好きなこと、本に集中することに驚き、おはなしの時間をとても楽しみにしていると報告してくださいました。

その後、この「出前おはなし会」は、その小学校から異動した先生が他の小学校で呼んでくださったり、上の子の時にとても良かったから下の子のクラスでも呼んでほしいというPTAがいたり、と、口コミで徐々に広がっていきました。子どもたちは、おはなしをしてくれた職員に親しみを感じて、その職員のいる図書館に来てくれるので、分館に近い小学校は分館の担当者が行くようにしました。今では年間九〇〇回以上に上ります。浦安市は中学校区に一館図書館があり、子どもの読書環境は整っていますが、子どもは親の行動に左右されます。親が本に興味がなかったり、図書館に来る時間がない場合には、図書館に来られない子もでてきます。でも、図書館員が小学校や保育園・幼稚園に出向けば、そこが図書館のフロアになり、おはなしや本の楽しさを伝えることができます。

同じおはなしを語っても、子どもたちの反応は学校ごと、クラスごと、子どもそれぞれで違います。グリムの「みつけ鳥」で、森に逃げ出したふたりの子どもが、バラの花に変わったり、教会に変わったりする場面で、最初は「そんなわけない」といっていた子どもたちの目がだんだん真剣になり、息をのみ、最後、「魔女がおぼれてよかったなあ」といい合ったり、「この子たち頭いいな」と声を上げたりするのを聞くのは、語り手の役得です。

おはなしを聞いているときの子どもの息遣いや表情の変化は、そのおはなしが確かに心に響いていることを物語っています。その反応を受け止め、語り手は次の語りにその経験を生かすことができます。語りの学びは現場にあり、語り手は子どもたちから教わっているのです。

耳を育てる

でも、なぜ現代の子どもたちにおはなしを語る必要があるのでしょう。

毎月読み聞かせに行っている保育園の年長組にNちゃんという男の子がいました。絵本を読んでいると、ストーリーを先取りするようないい反応を返してくるので、本が好きなんだなと思っていました。そのクラスではじめておはなしを語った時のことです。子どもたちは本がないので最初とまどいましたが、すぐにおはなしに集中してくれました。語ったのは「おいしいおかゆ」です。おかゆがおなべのふちからこぼれだすところで、「ええー」「いっぱいになっちゃったよ」「歩けないよ」と笑う子どもたち。けれどもNちゃんだけは、目が泳ぎ、身の置きどころがない、というかんじでもぞもぞしています。翌月、「金いろとさかのおんどり」のおはなしでも、他の子どもたちがきつねの歌に大笑いしているのに、Nちゃんは落ち着かず、とうとう最後までおはなしに集中できないままでした。絵本を読み聞かせている時、読み手はほとんど本のほうを見ています。けれども、おはなしは聞き手を見て語るので、誰がおはなしにはいっているかいないかすぐにわかってしまいます。それでわたしはNちゃんの様子に気づいたのでした。

一緒に給食を食べていると、Nちゃんはゲームにくわしく、キャラクターの名前や性能など、話題が豊富だということがわかりました。塾にも通っていて字も読めます。しかし一方で、人の気持ちを思いやる想像力がやや欠けているようでした。

絵本では絵がストーリーを語るので、Nちゃんは絵を見て他の子より先に反応することができました。しかし、おはなしは語り手の口からことばが出てこないと先がわかりません。Nちゃんは目からの刺激に慣れていて、耳が育っておらず、ストーリーが想像できなくて、困ってしまったのです。

本来子どもはとても耳が良いものです。わらべうたをすぐ覚え、大人の会話や絵本の文章もそっくり覚えてしまいます。聴覚は人間の感覚のなかで最も早く発達し、最も遅くまで機能し続けるといいます。現代の子どもたちは生まれた時からたくさんの視覚刺激を与えられている反面、聴覚への刺激が少なくなっているのではないでしょうか。

聞き手は語り手の声とことばをたよりにおはなしの内容を頭の中で整理し、組み立てていかなければなりません。それは集中力を養い、人間として生きていく上で欠かせない想像力を自然に育むのではないかとわたしは思います。

Nちゃんのためにも、おはなしをたくさん語って聞かせようと、わたしはこの保育園で毎月おはなしを語りました。Nちゃんはだんだん、落ち着いていられるようになりました。そして、卒園するころには他の子と一緒におはなしを聞いて笑うようになり、普段の生活や行動にも落ち着きが出てきたということでした。

子どもの読書は耳から始まります。想像の中で心ゆくまで遊ぶことのできる子ども時代にこそ、耳からたっぷりと、ていねいに人の声でおはなしを聞かせ、耳の力を育てたい。耳を育てることは、他者の苦しみ・痛み・喜びを自らの体験と感じる力――想像力を育てること。現代の子どもたちにおはなしを語る意義のひとつがここにあるのではないでしょうか。

おはなし会は楽し

おはなしを聞いている子どもたちはさまざまな反応を返してくれます。これを知るとおはなしを語るのが楽しくなり、次は何を覚えようかと意欲がわきます。わたしの「おはなしノート」の記録よりいくつか紹介します。

「かしこいモリー」

◎モリーが大男の家に行くたび、わんぱくな男の子が学童クラブの女性の先生の手をしっかり握り、「うわー、また行っちゃったよー」と後ろに隠れていた。

◎保育園の五歳児クラスで一番体の大きな女の子、一番小さい女の子にぴったりくっつき、目を丸くして聞いていた。

◎「子どもから聞いたんですが、かしこいモリーがすごくおもしろかったといっていました」と、ひとりのお母さんからいわれる。お母さんのいうあらすじに全く間違いがない。昨日聞いた女の子が、帰宅してから正確におはなしの内容を報告したようで驚く。

「ちいちゃい、ちいちゃい」
◎「こわいけどおもしろかったー」と言った子に、「えー？　おもしろかったけどこわかったよー」と反論する子がいておかしかった。
◎最初笑いながら、親指とひとさし指をくっつけて「ちいちゃいちいちゃい」といっていた女の子。「おれのほねを、かえしてくれ」で、隣の子と顔を見合わせてこわそうに聞いていた。終わってから、「ひゃー、すごかったー」と後ろの先生に叫んだ。
「ガチョウ番の娘」
◎最後に王さまが腰元にいうなぞときがよほど印象に残ったらしく、男の子たちがお互いに、「その女というのはおまえのことだ」と言い合っていた。
◎「ファラダやファラダ、おまえそこにいるのね」「ひめさまひめさま……」と男の子ふたりが言い合っていた。
「テイザン」
◎「テイザンが来たぞー」と三階から声をかけられた。昨日語った六年生の男の子から。
◎校門の横を竹ぼうきで掃いていた中学二年生男子がテイザンの歌を歌っていた。わたしに気づくとにやっとわらい、「伊藤さん人気者だよ、あの歌また歌ってくれよ」

といった。

「ヤギとライオン」

◎「おいしい肉ってなんのことかわかりますか？」という問いかけに「ぎゅうにくっ！」と答えた女の子。最初からごそごそして聞いていない子だった。「ばっかだなー、ヤギのことじゃないか」と他の子がいってくれたのはいいけど、本人はきょとんとしたままだった。

「金の髪」

◎夕方図書館にこっそり本を見に来た中学生男子ふたり。「あったあった、リナルド伯爵の幽霊のやつ」

「小さなこげた顔」

◎「やっと会えましたね」と酋長がいい、「はい」と小さなこげた顔がこたえる場面で、一緒に「うん」とうなずいた女の子がいた。

「ふしぎなお客」

◎最後のせりふに、「キャー」と悲鳴を上げたのは、学童クラブの先生だった。「先生の声にびっくりしたよー」と子どもたちからいわれていた。

◎前日のおはなし会に来ていたMちゃん。翌日友だちをふたり連れてきて、「この子たちにも聞かせてやって」という。おはなしのへやが使えなかったので、階段で語った。Mちゃんはふたりの友だちのあいだに座り、両手をしっかりと左右の子と組んで聞いていて、おはなしが終わると「ね、こわかったでしょ？」とふたりに自慢した。「Mちゃん、おはなし好きだね」というと、「えー、だって、楽しいもん！ドキドキするもん！」と答えた。

そう、子どもたちにおはなしを語る第一の意義は、なんといっても子ども時代に「楽しい」経験を重ねてもらうこと。楽しい子ども時代はその先の一生を支えると思うからです。

2. おはなしを選びましょう

語りたいおはなし

おはなしが好きになったら、まず何を語るかを決めます。おはなしが成功するか否かは何を選ぶかでほぼ決まる、といわれます。現代の語り手は、ほとんどがテキストから選びますが、同じおはなしも再話によって、雰囲気や語りやすさなどが違うので、いくつか比べてみなくてはなりません。まずは、好きなもの、語りたいと思うものを選ぶことから始めましょう。図書館などで複数の昔話集に目を通すことです。人が語っているのを聞いて好きになり、選ぶという場合もあります。

語りには語り手の気持ちが出るので、語り手が好きなおはなしは聞き手も楽しみます。そもそも嫌いなおはなしを覚えるのは苦痛でしょうし、嫌いとまでいかなくても、あまり気乗りがしないけれど人にすすめられたからとか、これを覚えておくと便利なのではないかという理由でなんとか覚えても、心から好きでないという気持ちは聞き手に伝わります。そんな語りを聞かせるのは、聞き手に申し訳ないでしょう。まず自分がそのおはなしを伝えたいか、聞き手とおはなしの世界を共有できるか、という点を忘れてはならないと思います。

好きなおはなしを選んでも失敗することがあります。「クナウとひばり」を覚えて語ったのに、子どもたちに全く聞いてもらえなかった、と報告してきた方がいました。彼女は語りの勉強を始めながら、地域の公民館でも語っていて、今回は人が語るのを聞いて好きになった「クナウとひばり」を語ったのです。

おはなしが失敗する場合、いくつかの原因があります。例えば、聞き手の年齢に合っていなかった、その場が悪かった(子どもたちの状態・騒音・光など)、プログラムの順が悪かったなど。これらについては別の章で書きましょう。でも、多くの場合、語りそのものに原因があります。彼女が語る「クナウとひばり」を聞き、その原因がわかりました。彼女の語りがおはなしの大きさに届いていなかったのです。それまで彼女が語ってきた、「ひなどりとネコ」や、「おいしいおかゆ」と違い、「クナウとひばり」は、天までとどく壮大なアイヌの昔ばなしです。語り手は空の高さと大地の広さ、そして、娘のけなげさを伝えなければなりません。それには語り手がその世界を十分に表現できるほどの力量をつける必要があります。経験を積むことも必要ですが、経験が少なくてもその世界に十分に想像をめぐらす必要があるのです。

でも、失敗したからといって、好きなおはなしを手放すことはありません。いつか語れる日が来るまで置いておいても良いし、次に語る時までに、なぜ失敗したかを考えれば良いのです。失敗の理由を指摘してくれる人がいるとなお良いです。語りの仲間でも、家族でも。重要なのは、失敗の原因を聞き手のせいにしてしまわないこと。おはなしは語り手の成長とともにあるのです。

子どもたちはどんなおはなしを聞きたがっている？

おはなしの研修会などで人が語るのを聞く時、なぜこの話を選んだのか聞きたくなることがあります。主人公が悲惨な死を遂げるおはなし、最後どうなってしまったか不明なおはなし、善悪どちらともつかない登場人物について延々と語るおはなしなど、聞き終わっても結局何をいいたいのかわからず、拍子抜けすることがあります。原典は大人向けの朗読のテキストや昔ばなし風の創作文学である場合が多いのですが、語り手はそのおはなしが好きで、自分の感動を伝えたいと気持ちをこめて語っています。聞き手が大人の場合、涙をそそられることもありますが、子どもにとってはどうでしょうか。

子どもたちにおはなしを語るとき、忘れてはならないことは、なぜ、わたしたちは子どもたちに語るか、その理由です。子どもたちの貴重な時間を語りにさいてもらうのですから、語るべき内容を持ったおはなしをそのおはなしにふさわしい語りで伝える義務があります。

語るべき内容とは何でしょうか。わたしは、子どもたちを心から楽しませる普遍的な価値を持ったおはなしと考えます。特に人生に希望を持たせ、困難なことがあってもなんとか乗り越えられるのだと伝えるものを語りたいと思います。子どもたちは好きな絵本やおはなしを、くりかえし読んでほしい、語ってほしいといいますが、それらの結末には必ず安心や幸福があります。瀬田貞二さんは『幼い子の文学』の中で、幼い子の好む文学には、「行って帰る」形式があると書いています。ノルウェーの昔ばなし「三びきのやぎのがらがらどん」は、山の草場で太ろうと橋を渡っていくヤギたちが、橋の下の恐ろしいトロルとやりとりし、最後に大きいヤギのがらがらどんがトロルをこっぱみじんに打ち砕きます。このおはなしの結末は、食料を手に入れたことに加えて、もう二度とトロルに命を狙われることはない安心を手に入れたことです。昔ばなしの結末は大きく三つ。富の獲得、幸せな結婚、そして、身の安全を手に入れることです。困難に出会っても、やがて安心できる場所に帰ってこられる、幸せに暮らせる場所にたどりつける、というおはなしは、子どもたちに勇気と希望を与えます。

最後がどうなってしまったかわからないおはなしは、創作文学でときどき見かけます。「見上げると青い空に雲がぷかぷかと浮いていました」「真っ赤な夕日が空を染めていました」など、結末があいまいなまま空を見上げて終わることが多いので、わたしはひそかにこれを、「空ラスト」と呼んでいます。このあいまいさを好むのはたいてい大人で、日本人の国民性を表しているのかもしれません。でも、主人公に共感しながら聞いていた子どもたちは、急に投げ出され、途方にくれてしまいます。「それからどうなったの?」と、子どもたちは先を聞きたがります。まだ話は終わっていないというのです。結論は読者の想像に任せて著者が逃げていった感じがある「空ラスト」は、語るに値するおはなしとは思えません。

現実には、人が旅に出たまま行方不明になってしまったり、亡くなったりすることがあるのは子どもたちも知っています。たしかに人生には困難がつきものですが、その人生の荒波の末に、いや嵐の航海の合間に安心できる港にたどりつくためにも、人々は昔ばなしに希望を語ったと思えなくもありません。人生の荒波にこぎ出したばかりの子どもたちには、その航海を支え、励ましてくれるおはなしを伝えたいと思います。

「いつもハッピーエンドの話ばかりじゃつまんないな」といっていたある男の子は、「ガチョウ番の娘」を聞き終えたとたん、しみじみと呟きました。「今日の話は、いーい話だったなあ」そして、彼は続けました。「あのねえ、それは夢でした、なんていうつまんないハッピーエンドはいやだけど、今日のはすごくどきどきしておもしろかった。こういうのが聞きたかったんだ」

子どもたちの感想から

おはなしを聞いた子どもたちに感想を求めることはすすめませんが、短い感想文をもらうことがありますので紹介しましょう。

「たまごのカラの酒つくり」（アイルランドの昔ばなし）のあらすじ

サリバンのおかみさんは赤ん坊が妖精かくしにあって替え子をされたと思う。近所の人たちはその赤ん坊を雪の上に投げ出すとか鉄板の上で焼くとかすれば本当の子を取り戻せるというが、おかみさんにはできない。しかし、ものしりばあさんはおかみさんにいう。うみたてのたまごを十二用意し、カラだけを煮立った湯にいれると妖精かどうかがわかる。その子が妖精とわかったら、赤く焼けた火かき棒をのどにつっこめば良いと。

おかみさんがいわれたとおりにたまごのカラを湯にいれると妖精が口をきく。おかみさんがベッドにかけつけると、寝ていたのはおかみさんの赤ん坊だった。

（『イギリスとアイルランドの昔話』）

◎少しぶきみだったけど、ぶきみなおはなしは好きだし、おもしろかった。

◎ようせいはきれいな小さいようせいだと思っていました。しわくちゃだとはぜんぜん思いませんでした。わたしがおかみさんだったら、泣いて子どもを返してもらいます。だって、だいじな子どもだからです。

◎最後おかみさんの子どもに戻っていたのは、妖精も自分の子どもを殺されたくなかったからかな。

◎おかみさんはものしりばあさんに会えたからいいけど、わたしはきっと近所の人たちのいうことをすると思います。

◎ようせいが出てきたけど、顔がしわしわで気持ちが悪いかんじが、しゃべりかたからよくわかった。それからどうなるか、わくわくしていました。とても楽しかった。
◎おばけの赤ちゃんは赤ちゃんのくせに千才以上年をとっていて、とってもなまいきに口をきく赤ん坊だと思いました。
◎お母さんがかわいそうになったけど、子どもをとりもどせたのでよかったと思いました。
◎どきどきしたけど楽しかった。最後スカッとした。

これは、四年生からもらった感想です。ひとつのおはなしをそれぞれに受け止めてくれたのがわかります。そして、この感想からは、子どもがおはなしに望んでいることが読み取れないでしょうか。母親が子どもを愛すること、子どもは母親に愛されたいと思っていること、人間には弱い面もあること、幸せな結末を望んでいること……。昔ばなしは聞く人それぞれを異次元の旅に赴かせます。おはなしが語られたそのとき、子どもたちの心はみな、サリバンのおかみさんの台所にありました。昔ばなしは心の旅。不安や恐怖に打ち勝つ力を与えます。子どもたちの成長に必要な旅です。

このほうが本物だよ！

昔ばなしはときに残酷だといわれることがあります。しかし、残酷な出来事は起きても、それを写実的に血生ぐさくは語りません。抽象的に語ることで、聞き手に残酷さを感じさせず、昔ばなしのメッセージが伝わるようにできています。その正しさを子どもたちが教えてくれることがありました。

「三びきのこぶた」は、よく知られている昔ばなしの中でも、最もたくさんの絵本が出ているのではないかと思います。このおはなしは本来、一匹目も二匹目もおおかみに家を吹き飛ばされて食べられてしまい、最後に三匹目の家でおおかみが煙突からおりてきたとき、こぶたはさっとなべのふたをとって、ことこと煮てばんごはんに食べてしまいます。

しかし、多くの絵本は一匹目も二匹目もおおかみから逃げて三匹目のところへ逃げ込みます。最後の部分では、おおかみがなべに落ちたあと、「あちち、あちちと逃げ出しました」とか、「おおかみはやけどをしてしまいました」というものがあります。でも、こぶたに共感しながら聞いている子どもたちにとって、この結末では安心できません。

おおかみはまた戻ってくるかもしれない、けがが治ったらまた襲いにくるかもしれないと不安になります。中には、「おおかみはもういじわるするのをやめました」というものまであります。おおかみがこぶたを襲うのは、自分が生きていくのに必要だから食べようとしているのです。まさに生死をかけた戦いをしているものたちに対して、この言い換えは失礼でしょう。

あるお母さんたちの勉強会でわたしがこの話をした後、ひとりのお母さんが自分の子どもたちに、元のおはなしに忠実な、『三びきのこぶた』（瀬田貞二訳　福音館書店）の絵本を読んであげたと報告がありました。そのお母さんには男の子が三人いて、上ふたりには、一匹目も二匹目も食べられないストーリーの絵本を読んでやっていました。でも三人目には正しい再話の絵本を読んであげようとしたところ、上のお兄ちゃんたちが帰ってきて、一緒に聞くといいだしたのだそうです。お母さんは、この本は一匹目も二匹目も食べられてしまうし、最後も前の絵本と違うからどうかな、と思いながらも三人に読んであげました。すると、上のふたりが口ぐちに、いったというのです。

「お母さん、このほうが本物だよ！　だって、おおかみがこぶたを食べないわけないじゃん」と。

お母さんの報告を聞いて、わたしは、子どもってすごいなあとつくづく思いました。子どもは昔ばなしの本質をずばりと言い当てたのです。生きとし生けるものの自然の摂理を映すのが昔ばなし。主人公のこぶたがこの先安全に生きていけると保証されることが大切なこと、ごまかしは不要です。

わたしたち大人は子どもたちに本来の形の昔ばなしを語ることで、たくさんのことを学ばせてもらえるのです。

○○ちゃんに聞かせたい

おはなしを選ぶとき、自分の聞き手を考えない人はいないでしょう。語りの場が図書館なら、不特定多数の子が対象となります。はじめておはなしを聞く子もいれば、常連の子もいるでしょう。申し込み制でもとれば別ですが、その日にならなければどんな子どもが来るかわからないことがほとんどではないでしょうか。年齢がばらばらの場合は小さい子に合わせますが、そのために大きい子が来にくくならないよう、大きい子向けのおはなしも後で語れるように用意しておくこともあります。

文庫であれば来る子の顔ぶれはだいたい決まっているので、おはなしを選びやすいでしょう。聞きなれている子とそうでない子の差は大きく、聞きなれた子には楽しめるはなしも、はじめての子には全く理解できないということがあります。

選ぶ際に大切なのは、不特定多数の子どもたちが対象の場合でも、聞き手の子どもを具体的に思い出してみることです。「こわい話をしてね」といっていたTちゃんのために、グリムの好きなOちゃんのために、と思うと選ぶ作業も楽しくなるでしょう。ちょっと長いけれどチャレンジしてみよう、と意欲がわくかもしれません。自分が好きなこのおはなしをあの子にも聞かせたい、という気持ちで選ぶと選びやすくなります。

普段からおはなしのテキストになる本をさがし、できれば声に出してその感触をたしかめておくと良いと思います。慣れるまでは経験の長い人たちがよくテキストにしている本から見ていくのが良いと思いますが、ジャンルにこだわらず幅広く目を通してみると、好きなおはなしが見つかることがあります。

選んだおはなしは何回も語ること。『ストーリーテリング　その心と技』（E・グリーン）では、ひとつのおはなしは少なくとも三つの違ったグループで語ってみることを奨励しています。わたしは、ひとつのおはなしは最低五十回語ってほしいと思います。語っているうちに、そのおはなしが自分にフィットしてきます。自分がそのおはなしにフィットしていくといったほうがいいでしょうか。選ぶ作業はおはなしと語り手を結ぶ入口です。さあ、扉を開けましょう。

悲しいおはなしと笑い話

まだ人生を歩みだしたばかりの子どもたちに勇気と希望を与えるおはなしを語りたいと前述しましたが、わたしが高学年に語る「テイザン」について、このおはなしは最後が悲しいけれど、語っていいんでしょうかと聞かれたことがあります。

「テイザン」（ハイチの昔ばなし）のあらすじ

ベリーナは泉に水を汲みに行き、大きな魚に助けてもらう。魚はテイザンと名乗り、泉の一番深いところに住んでいるという。

母親はベリーナの水はいつも澄んでいるのに、弟の汲んだ水は濁っていると弟に注意する。弟はベリーナの後をつけ、ベリーナが泉の魚に歌いかけると、魚が水を汲んでくることを知る。母親もベリーナの後をつけていく。テイザンは、おまえの母親が自分を殺そうとしているが、やがてはいっしょになれるのだから心配することはないとベリーナに告げる。

母親は翌日、ベリーナを市に送りだすと、ベリーナの歌を真似て歌い、テイザンを捕まえる。ベリーナが家に帰ると、魚が料理されているところだった。ベリーナは泉に行って歌うが、テイザンは現れない。ベリーナは家に帰り、髪をとかしながら歌う、そして、椅子はベリーナを座らせたまま地面に吸い込まれていった。

（『魔法のオレンジの木』）

実際に聞いた子どもたちはなんといったでしょうか。六年生からの感想にはこうありました。

◎親切にしてくれた魚を悪魔だと思い込んで殺してしまうなんてひどいと思った。
◎女の子は親にあまりかわいがられてなくて、かわいそうだと思った。
◎最後は地面の下で一緒になって幸せになって良かった。

一見、悲劇に見えるおはなしも、子どもたちは自分なりに昇華させて受け止めているのがわかります。もちろん、あまり小さい子には語りませんが、小学校高学年以上の子どもたちには語ってあげたいおはなしです。

悲しい話にくらべて、笑わせるおはなしは難しいといわれます。Aさんは「頭の大きな男の話」が好きで、小学校二年生に語ったのですが、クスリとも笑ってもらえなくてショックだったと報告してくれました。

「頭の大きな男の話」のあらすじ

あるところに頭の大きな男がいて、友だちに頭をそってもらった。だが友だちは頭に少し傷をつけてしまい、傷をふさぐために柿の種を埋める。すると柿は見事に育ってたくさんの柿をつけた。男は殿様に柿を献上し、殿さまが喜んで褒美をやると、柿売りたちは怒って頭の柿の木を切り倒す。するとその後に大きな湖ができてばかでかい魚がとれ、また殿様に褒美をもらう。怒った漁師たちが湖を埋めると……。

(『日本の昔話4』)

大人はこの話をばかばかしいほら話だとわかるので笑いますが、なぜ子どもたちは笑わなかったのでしょうか。ゴリラやチンパンジーなど他の霊長類でも、くすぐられて笑うということはあるようですが、肉体的な刺激なしで笑うのは、人間だけだといわれています。笑うためには、そのおはなしを成立させている構図を理解し、常識と逆転していること、ズレていることに気づくことが必要です。しかし、子どもたちは大人よりずっと真面目です。この「頭の大きな男の話」では、頭を剃ってできた傷に柿の種を埋めるのも、そこから生えた柿の木がたわわな実をつけるのも、一場面一場面、なるほどなるほどと聞き入ってしまい、ちっともおかしくなかったのでしょう。びっくりする話ではあっても、笑い話とは受け止めなかったのではないかと思います。

とくにはじめて会う大人から真面目な顔で語られたら、笑い話とは思わず、真面目に受け止めてしまいます。Aさんは根が真面目な性格で、それが前面に出てしまい、堅さのとれないまま語ってしまったのです。

普段から知らない子どもたちに笑い話を語ろうと思ったら、どうすればいいでしょう。まずおはなしの前に、笑ってもいいんだよ、という雰囲気をことばや表情で伝えてはどうでしょうか。子どもたちの顔を順々に見てにっこり笑いかけるだけでも違います。おはなしを理解しやすいよう、出だしはゆっくりと語りましょう。そして、ホラをふいてやるぞ、という度胸で語ればいいと思います。子どもたちは真面目であるからこそ、ナンセンスを理解する感性も大人よりずっと優れています。

3. 覚えること

◎入門編◎

覚えるのは矛盾？

おはなしをテキストから覚えるということはそもそも矛盾をはらんでいます。昔ばなしは元々口で語られ、耳で覚えられて語り継がれてきたもので、文字にされたものを一言一句間違えないで覚えるというのはおかしなことです。もっと自由に語っていいのではないか。わたしも初心者のころそう思ったことがありました。けれども、試しにひとつ「ももたろう」でも、「ねむりひめ」でも、筋を知っているおはなしを語ってみればわかります。自分のよく使う日常のことばが出そうになったり、無駄なことばが出てきたり、語るたびに違ってしまいます。家庭で語る場合はそれも我が家のおはなしになるでしょうが、我が子以外の子どもに語る場合、それで良いでしょうか。

耳からおはなしを聞いて覚えた伝承の語り手たちは、元々無駄のないことばで語られたおはなしを何回も聞くうちに自然に覚え、そのまま語れるのでしょうが、わたしのようにテキストから覚える場合は無理だとわかりました。いえ、その後わたしは、伝承の語り手も同じなのだという文章に出会いました。グリム兄弟が「ガチョウ番の娘」などを聞き取った、フィーマン夫人について書いた一文です。

「伝承のあいだに簡単につくりかえられるものだろう、とか、記憶はなげやりなものだろうとか、それゆえに長年月保持されることは不可能だろう、と思っている人は、フィーマンおばさんがお話を正確に語り、話をまちがえないようにと強く心がけているのを、一度聞くべきでありましょう。彼女はくりかえして語るときにも、話のなかのなにかを変えるということは、けっしてありませんでした。そして、なにかまちがいに気づくと、話のさいちゅうでも、すぐに自分でなおしました。同じような生活のしかたをかえずに生きてきた人たちにあっては、伝承されてきたものに対する愛着が、変化を求めがちなわたしたちが理解するより、はるかに強い。」(『グリム童話集200歳』小澤俊夫)

聞きにきてくれた子どもに、「おはなしはおもしろい、また聞きたい」と思ってもらえるように、迷いのないことばで、いい語りをしたいものです。良いテキストを選び、一言一句その通りに覚えることは、簡潔で無駄のないことば、昔ばなしの特性にあったことばで語るための第一歩です。覚えることをおろそかにすると、ことばをつなぐために表情や演技でごまかしたくなります。そうなると昔ばなしの素朴さはなくなり、パフォーマンスだけが印象に残るようになります。昔ばなしは何より、ことばによって伝えられてきたものです。昔ばなしに敬意を払い、ことばを大切に自分の中にいれましょう。

おはなしは、短いからといって覚えやすいというものではありません。おはなしを始めたばかりの人が、短いからという理由で「おいしいおかゆ」を選ぶことがよくありますが、おなべのふちからおかゆがあふれ出る様子をたっぷり表現するのは結構難しいものです。

少々長くても、好きなおはなしなら覚えられるものです。わたしにとって、グリムの「熊の皮を着た男」は、そういうおはなしでした。語ると二十分近くかかりますが、するすると口に乗り、覚えやすかったおはなしです。覚えるのに要する時間は、再話の語り口と語り手との相性もあります。同じおはなしでも違う出版社のテキストのほうが覚えやすかったという人もいます。覚える前にいくつかの再話を声に出して読んで、自分の口に乗りやすい再話を探してみたら良いと思います。

聞き手の子どもたちは、大人よりずっと耳が良いということを忘れてはなりません。以前「かしこいモリー」を語った後で、テキストの、『おはなしのろうそく1』ではなく、絵の多い、『愛蔵版おはなしのろうそく1』を紹介したことがあります。すると、その本を読んだ子どもが、「聞いたのと違う」といいに来ました。

わたしは、子どもが自分で読むなら、絵が多く字組もゆったりとした愛蔵版のほうがよいかもしれないと思い、そちらを紹介したのですが、たしかに愛蔵版は『おはなしのろうそく』のことばと少し違います。その違いを指摘されたのでした。子どもの耳の鋭さに脱帽です。

覚え方は人それぞれ

おはなしの覚え方は人それぞれです。台所、トイレ、玄関など、家のあちこちにテキストを貼って、そこを通る度に声に出して覚えたという方がいます。すると間違えたとたん、三人の子どもたちから一斉に、「おかあさん違うよ、◯◯だよ」と、声があがったということ。子どもたちのほうが、先に耳から覚えていたのです。車のハンドルとミラーにテキストを貼って覚えたという方もいますが、これは事故を起こさないよう注意が必要ですね。

録音機器を使って覚えるのは、あまりおすすめできません。録音しようと文字を読む時はまだそのおはなしに慣れていないので、棒読みだったり、間違えてしまったりします。良い状態でないものを何回も聞いても良い語りにはつながりません。また、上手な語り手のおはなしを録音して聞いても、それは、その人の語りにはなりません。

覚えることに関して、わたしは時間がかかり、苦労します。わたしの覚え方は、何度か声に出して通読し、次に場面ごとに区切ってくりかえし読んで頭に叩き込みます。以前、一日二ページずつとノルマを決め、細切れに覚えていたことがありましたが、どうしても前半に比べて後半の練習量が減ってしまうので、今は全体を通して覚えるようになりました。最初はあまり細部にこだわらず、全体をくりかえし声に出して覚え、だいたい覚えたら、細部を整えていきます。幹から枝葉へ、そのほうが常に全体のイメージを保てるからです。だいたい頭にはいったら、家の中でも、通勤途中歩きながらでも、声に出して練習します。

そして、語っては間違え、語っては間違えをくりかえします。丸暗記ではなく、場面場面、頭に絵を描いて覚える、実際に絵を描いてみる、登場人物の動きを体で表現してみる、なども良いと思います。場面を絵にする場合、創作のおはなしの場合は綿密に、登場人物の立ち位置から周囲との関係、背景なども作者になったつもりで考えます。

昔ばなしはあまり細部にこだわらず、筋にそって覚えていくほうがいいでしょう。あまり明確に想像をしてしまうと、昔ばなしの特徴である抽象性が失われ、具体性が加わってしまいます。かつてわたしが会話ばかりが目立つような語りをしていたとき、先輩はグリムの昔ばなしを覚えるようにアドバイスしてくれました。昔ばなしは筋が大事。筋を動かしている地の文をしっかり覚えるには、グリムの昔ばなしを語るのがとても良い勉強になるのです。

くりかえしの場面が少しずつ違うことばで書かれているのは苦労するところです。抜き出して書きうつし、違う部分を明確にしてみるのもいいでしょう。

ときどき、前半はしっかりイメージできてうまく語っていたのに、後半になって無残に崩れてしまう人がいます。どのように練習したか聞くと、前半は何回も声に出していたのに、後半は回数が少なかったといいます。これを防ぐためには、後半だけ取り出し、意識して何回も語ってみることです。

覚える作業はつらく、孤独で、何度やっても間違えて、自分の無力さに挫折しそうになることもあります。しかし、この地道な作業を続けていくと、ある日すっとおはなしが頭にはいっている自分に気づくことがあります。そうなれば今度は細部を整え、全体のリズムを考えて語ります。余裕を持って語れるまで、何度も何度もくりかえし声に出してください。

たまに、覚えることにかけて天才のような人がいて、長いおはなしをたった一晩で覚えてしまったなどといわれると、うらやましく思います。しかし、その人のおはなしが聞き手の心を打つかというとそうでもないのです。むしろ、こつこつと覚えた人の語りのほうが、ぐっと胸に迫ってくる場合が多いのはなぜでしょうか。時間をかけているあいだ、その人はおはなしの中にいて、その世界を自分のものにしようと懸命に努力していたからではないでしょうか。おはなしはことばを覚えればいいのではありません。そのおはなしが語られてきた何百年もの時の流れと、語り継いできた人たちの思いを自分のものにする時間が必要です。

おはなしは簡単に覚えられない

オーケストラの指揮者は交響曲のスコアをどうやって覚えているのでしょうか。同じ曲でも指揮者によって演奏は変わります。指揮者は数十人の楽器が奏でる音を全て頭に入れ、そのハーモニーを想像して適切な指示を与えています。指揮者、岩城宏之さんの著書『楽譜の風景』には、「網膜へのフォトコピー」という文章があります。

岩城さんは楽譜を覚えるのは目が一番安全だと考えていました。楽譜一ページを三分間見つめ、全ページこれを繰り返し、目に焼き付けるのです。そしてあるとき、オーストラリアの演奏会で指揮をとります。曲はストラヴィンスキーの「春の祭典」。複雑で難しい曲ですが、もう五十回以上指揮していた岩城さんは、オーケストラの小さなミスをカバーしながら最後の六ページにさしかかります。一気呵成にクライマックスを迎えようとしたそのとき、なぜか演奏は指揮を外れ、バラバラになってしまいました。必死で立て直そうとするものの、元に戻せなくなり、岩城さんも団員たちも困惑し、パニックに陥ります。岩城さんは両手で停止の合図をし、演奏はピタッとやみました。百六人の凍りついたオーケストラと観客、テレビの生中継。そのときの岩城さんの心境は思うにあまりあります。指揮者になって最大の事故。観客に謝罪し、震えをこらえて再び指揮をしだしたものの、同じ場所になるとまた演奏は指揮を外れます。それでも無我夢中で演奏を終え、恥じ入って舞台のそでに消えた岩城さん。楽屋で楽譜を見直し、二小節分が頭から消えていたのが原因と知るのです。この楽譜抜け落ち事件以来、岩城さんはけして頭の中のスコアを粗末にめくらないことを心に決めたということです。全てのスコアを目に焼き付けるというのもすごい話ですが、丸暗記にはこんな怖さもあるという例です。潔く自分のミスを認めた岩城さんは、団員たちからも観客からも厚い信頼を失うことはなかったということですが、もし自分だったらと思うとぞっとします。とても他人事とは思えません。

指揮者、小澤征爾さんはどうやってスコアを覚えていらっしゃるのかと兄の小澤俊夫先生に伺ったことがあります。場面ごとにイメージしながら覚えていると思うとのことでしたが、前夜どんなに遅くても、翌朝四時に起きて勉強を続けていたという話を聞き、世界的な指揮者となっても絶ゆまぬ努力を積んでいらっしゃったことがわかりました。

一九九五年、米国の元図書館員スペンサー・ショウ氏が来日したおり、講演でおはなしを語っていただくことになっていました。最前列にいたわたしには、短い休憩時間中、ショウ氏が舞台袖の椅子に座っている様子が見えました。するとショウ氏は、「ティーニィ タイニィ(ちいちゃい ちいちゃい)」と小声で練習しているではありませんか。七九歳のショウ氏はそのキャリアの中で何千回とこのおはなしを語ってきたに違いありません。それなのに語る前に練習を欠かさないのだと知り、おはなしに対する氏の姿勢に頭が下がりました。そのあとの「ちいちゃい、ちいちゃい」がすばらしい語りだったことはいうまでもありません。今でもわたしの耳にショウ氏の声とともにその語りが残っています。

おはなしは何十回語っているものでも、人前で語る時には再度練習することです。練習することはけして恥ずかしいことではありません。聞き手に対する礼儀と考えましょう。おはなしは簡単には覚えられません。しかしその先には、必ず喜びが待っています。語り終えた瞬間、ホーッという声にもならぬ声が聞こえ、その場が充足感で満たされる時、語り手と聞き手の心はひとつになります。その時、覚えるためにした苦労はすっかり忘れ去られていることでしょう。

4. 語ってみましょう

◎入門編◎

聞き手を意識して

テキストを覚えたら、人前で語る練習をしましょう。覚える時にも何回も声に出しているると思いますが、聞き手を意識すると語りが違ってきます。覚える時の語りはあくまで自分のため。人に語る場合は、聞き手が聞いてくれるように語らなければいけません。この違いに気づかず、自分が語りたいように語ってしまうと、聞き手の感情は置いてきぼりになってしまいます。

Simply（簡潔に） Slowly（ゆっくりと） Sincerely（誠実に）

米国の図書館学校のストーリーテリングのコースでは、この3つのSをよくいわれたと、松岡享子さんは『話すことⅠ　よい語り』（東京子ども図書館）に書かれています。

わたしはこのなかでも、Sincerely（誠実に）ということばに魅かれます。誠実に選び、誠実に覚え、誠実に語るということは、語り手としていつも忘れてはならないことだと思います。自戒をこめて書きますが、きちんと覚えることをおろそかにしたり、間違いをなんとか誤魔化そうとする気持ちは誰にも起こります。が、これは聞き手にもおはなしにも失礼なことです。また、おはなしが好きな人が陥りがちなのが、語り手の自己表現がおはなしの目的になってしまうことです。語り手は、語り手である自分に自己陶酔してはなりません。

人の語りを聞いておはなしを覚えた場合、その人の語り方をそのまま真似しても自分の語りにはなりません。わたしは、ある人が「三びきのクマの話」を語るのを聞き、そのとおりやって失敗したことがあります。その方の語りは、「おおーきいくま　ちゅうくらいのくま　ちっちゃいくま」という部分をとてもうまくリズムをとって語っていました。聞いていておもしろかったので、その語り方を真似て語ったのですが、子どもたちはあまり楽しそうに聞いてくれませんでした。そのリズムはその方のリズムで、わたしのリズムではなかったのです。

ひとつのおはなしを複数の人が語ると、同じおはなしなのにそれぞれ違って聞こえます。語り手がそのおはなしに対して感じている気持ちはそれぞれ違い、語りのリズムや雰囲気も違います。

語り手がそのおはなしを好きで、謙虚に向き合っている時、おはなしはその人を通して聞き手に光を届けます。語り手は文字で書かれたテキストに命を吹き込み再生させる役割です。機械ではなく、人間が語ることによって、同じおはなしがおもしろくもなり、つまらなくもなります。人からの借り物で語らないようにしましょう。

呼吸と滑舌

腹式呼吸をするのが良いのはわかっていても、なかなか難しいのですが、わたしは、おはなしの前には、『呼吸入門』（斎藤孝）に出ていた「3、2、15の呼吸」をしています。1、2、3で鼻から息を吸い、4、5、で臍下丹田に空気をため、6から20で少しずつ吐いていくという方法です。最初はゆっくりすぎると感じるかもしれませんが、気持ちが落ち着き、体に酸素が満ちてくるのを感じます。臍下丹田《せいかたんでん》に手をあてて、そこに向けて息をおろしていく感じでやるとわかりやすいと思います。おはなしの前だけでなく、時々やってみてください。

深く呼吸をするには、体をリラックスさせることも大切。肩甲骨あたりの筋肉を意識してほぐすように回したり、体を左右に振ったり、足の屈伸をすることもあります。

声楽の先生から教わったのは、発声における舌の使い方です。声を聞き手まで届かせるためには口はあまり左右に動かさず舌を使い、のどの奥行きを意識することでした。

滑舌が悪い人は、舌を根から動かすことを意識すると良くなります。若いころははっきりした発音ができたのに、歳を取ってできなくなった場合、語るときに口角を上げることを意識するだけでも違ってきます。人間だれでも歳を取ると口のまわりや口の中の筋肉がたるみ、はっきりとした発音を妨げます。口角を上げると、筋肉も上がり、声も、さらに表情も明るくなりますのでおすすめです。

滑舌の練習のためには、朗読の練習に使う早口言葉を探してもいいですが、『それほんとう？』(松岡享子文)や『ことばあそびうた』(谷川俊太郎詩)などは、実際のおはなし会でも使え、楽しみながら練習できます。

声で伝える

語りは声で伝えられます。まえがきでもふれたように、印象に残るおはなしは語り手の声で覚えている、そのおはなしを読むと語り手の声を自然に思い出す、ということがあります。

声 voice の語源はラテン語の vox (声)。vox は“vocare”「神に対して呼びかける」「神が人間に呼びかける」の名詞形です。

白川静氏によれば、漢字「声」の元の漢字「聲」は、石の楽器を打ち鳴らして耳に聞こえる音の意。その楽器は神を呼ぶためのもので、後に人の発する音が「声」となったようです。（『常用字解』）

洋の東西を問わず、「声」は人間が神様と交信する道具だったことに、改めて、文字ではなく、声によって直接聞き手におはなしを伝えることの重みを感じます。人間は文字を発明するよりずっと前から、自分だけの表現手段として声を持ち、声で他の人とコミュニケーションし、声で社会を維持してきました。

わたしたちの耳は、本当にたくさんの声を聞き分けます。人間の声は単なる音ではなく、その人の生き方や心の在り様を伝えます。語り手は文字で書かれたおはなしを声に変え、聞き手に届けるのですから、自分の声に敏感になる必要があると思います。

少人数の語りの場では、声を意識しなくても語れますが、小学校など大人数に語る場合、後ろまで届く声を出す必要があります。声を張り上げるのではなく、自然に通る声を出しましょう。大人は多少聞こえづらくてもなんとか聞こうとしてくれますが、子どもは聞こえなければ聞いてくれません。

不安定な声、聞きとりにくい声、高すぎる声、低すぎる声は聞き手の負担になります。指摘されて初めて自分の声の高さや小ささに気づく人もいます。仲のいい人と楽しそうに話している時の声がその人の本当の声です。おはなしの時には緊張して肩や喉に余計な力がかかり、ぐっと喉がしまってしまうのかもしれません。声の出し方の癖が原因となっていることも多く、意識すれば直すことが可能です。声が安定すると長く語っても疲れなくなります。

声と姿勢

声と姿勢は深い関係があり、姿勢を意識すると声が変わってきます。良い姿勢というと、いわゆる「気をつけ」の姿勢を取る人が多いのですが、「気をつけ」の胸をそらし、背筋をまっすぐにした姿勢は、肩に力がはいり、胸呼吸になるため、発声に良い姿勢ではありません。幕末から明治初期にかけて日本に滞在した、F・ベアトの『幕末日本の風景と人びと』という写真集には、当時の日本人の写真があります。これを見て驚いたのは、テレビの時代劇でよく武士が取っている、「気をつけ」の姿勢で肩をいからせ胸を張っている人がひとりもいないことでした。武士としていつでも刀が抜ける状態でいるには、肩の力を抜き、手足が自由に動くようにしておくほうが良いでしょう。声も同じで、肩に力を入れず、安定した腰の上に背骨がすっくりと乗っている姿勢が、最も疲れず、声も安定すると思います。

わたしたちの声は喉からではなく体全体から発し、とくに骨を伝わって空気を振動させています。声を出しながら両手で頭を押さえてみると、頭蓋骨が振動しているのがわかるでしょう。さらに声は足を伝って床にも振動を伝えています。

立つときは片足を半歩前に踏み出し、その足に体重をのせると背筋がすっと伸び、声が頭から出て行くかんじをつかめるでしょう。机や椅子などにつかまらず、体の中心はおへその下（臍下丹田）、背から頭は天から糸で釣り下げられているかんじで立ちます。美しい姿勢は声も美しくします。

声のレッスン

声が自然に出るようになると、語りにも自然なその人らしさが出てきて驚くことがあります。低く押し殺したような声で語っていたKさんは、自分の声が低いことにコンプレックスを持っていました。Kさんは「ついでにペロリ」のようなおもしろいおはなしを語っても子どもが怖がってしまう。わたしは語りに向いてない、と真剣に悩んでいました。Kさんの声は確かに低いけれど深みのある良い声ですし、おはなしも大好きだということで、語りをやめてしまうのはもったいないと思いました。そこで、リラックスして発声の練習をすることと、その声のはばの広さを生かしたおはなしを語ってみたらどうかと、「赤鬼エティン」をすすめました。すると、こういう壮大な話は元々好きだったということで、とてもいい語りをしてくださったのです。「アイルランドの赤鬼エティン、かつてバリガンに住みし者」というところを彼女の声で聞くと、目の前に、寒く厳しいアイルランドの風景が見えるようでした。その表情は生き生きとして、心底おはなしを楽しんでいる様子です。みんなうっとりと聞き惚れてしまいました。この語り以来、Kさんは表情も明るくなって、他のおはなしにも挑戦する意欲がわいてきた、といわれました。声の解放は心の解放、いや、心の解放が声の解放につながるのです。

『ことばが劈かれるとき』は、わたしに人間の声とことばについて考えるきっかけを与えてくれた本です。著者で演出家の竹内敏晴さんは少年期、病気で聴力を失ない、その後声を取り戻す過程で、声と心と体の関係について考察されました。竹内さんは、心が声を抑圧しているものであり、体を拓《ひら》くことによってその人本来の豊かな声を取り戻すことができることを演劇でも、教育の場でも実践していきます。ハンディを持った子どもが声を出すようになる例は感動的で、「声の産婆」とも呼ばれました。わたしは以前、竹内さんの「話しかけのレッスン」を受けたことがあります。そのレッスンは、まず野口体操の応用と変形による脱力から始まり、とくに頸と肩と胸、そして股関節を柔らかくするように体を動かしました。すると、体操をする前に比べて、声が出しやすくなりました。そして、二手に分かれ、ひとりずつ声を出して、後ろ向きの相手を振り向かせる練習をしました。人に話しかけるとき必要なのは、声の大きさや内容ではなく、話しかけようとする意志を声にのせて相手にふれること、相手とコミュニケーションしようとする気持ちがなければ声は届かないと竹内さんはいわれました。

この指摘はおはなしにもあてはまります。大きい声を出すより、聞き手に届かせようと意識することで、おはなしが伝わる声が出るのです。

語り手は消えている

『ことばが劈かれるとき』のあとがきで竹内さんは、「かたる」とは、相手の気持ちをこちらにかぶれさせる、感染させる」ということだという、折口信夫のことばを引き、「私たちは、このような力を、ことばから失いかけている。私たちは『語る』力を持たねばならない、それがことばのいのちなのだ」として、新潟のおばあさんのことを書いています。

村を訪ね、昔ばなしの語り手はもう残っていないと残念がる竹内さんに、宿舎の炊事のおばあさんが、「まっとう山のむじな」という昔ばなしを語ってくれます。「ぺたあんと坐っていた婆さんが、どういう話しぶりをしたか、と言うと、私はほとんど覚えていない。落語家のようにみごとに仕方話をしたとも思えない。ただ、ひたすら私は、鉄砲打ちやかかの姿を目の前にみていただけだった。（中略）話をするということは、こういうことなんだな、とあとになればなるほどシンにこたえて感服の度合いが深くなってくる。（中略）この婆さんこそ、『語り』の権化であっただろう。」

声の産婆といわれた竹内さんをして、このようにいわしめた昔ばなしの語り。語り手が目の前にいるのに、語り手は消えているという状態、聞き手はただひたすらおはなしの世界（想像で成り立つ世界）に行っているという状態、これが良い語り、自然な語りというものなのではないでしょうか。

わたしは、聞き手、特に子どもたちに、想像の世界で生きる体験をしてほしいと思います。子どもはそれが得意ですし、とても好きです。おはなしを語ることは、聞き手の想像力に働きかけ、おはなしの世界を届けることです。語り手がおはなしより前面に出るのではなく、おはなしが前面に出るように誠実に語ることで、聞き手の想像力が動き出します。いつか、「まっとう山のむじな」を語ったおばあさんのように語れるようになりたいと思わずにはいられません。

5. プログラムをたてるには

◎入門編◎

プログラム作りのポイント

おはなし会のプログラムをたてる場合は、聞き手の子どもたちを第一に、第二に、自分はどんなおはなしをしたいかを考えます。

図書館や児童館など、不特定多数の子が参加するおはなし会の場合、高学年向きのおはなしを用意していたら、来た子はみんな小さい子だった、などということもおきます。また、おはなしを初めて聞く子が多いこともあります。そんなとき、すぐにおはなしを差し替えられるように、他のおはなしも用意しておきましょう。あらかじめ印刷したプログラムを用意する場合、聞き慣れた子や、年齢の高い子が多い場合と、そうでない子が多い場合と、二通りのプログラムを用意しておけるとあわてずにすみます。

次から次へとたくさんのおはなしをすると、どれも印象が薄くなります。ひとつメインのおはなしを決め、他は比重を軽くするほうが、メインのおはなしが記憶に残るでしょう。

おはなしの順番を考える際は、変化に富ませ、似通ったおはなしを続けないことです。笑い話ばかり、悲しい話ばかり続けた場合、聞き手は飽きてしまいます。同じ動物が出てくるおはなしが続くと、前のおはなしと混ざってしまうこともあります。前のおはなしに出てきた妖精は良い妖精だったのに、次のおはなしの妖精は恐ろしい妖精だった、となると、大人は理解できても、子どもたちは混乱します。全く違う国のおはなしなのに、登場人物や内容が似ていることもあります。例えば、グリムの「みつばちの女王」には三人の王子が出てきますが、日本の昔ばなしの「なら梨取り」にも三人兄弟が出てきます。同じように末っ子が成功するおはなしなので、聞き手はまたか、という気持ちになります。

時間には余裕を持たせ、ぎりぎりの時間設定にしないこと。子どもたちを対象にしたおはなし会はいろいろなハプニングが起こることも想定しましょう。ハプニングへの対処で時間をとられ、おはなしの途中で時間オーバーにならないように。おはなし会の後に予定があって、時間をすぎるとそわそわしだす子もいます。

学校、幼稚園、保育園の場合は、年齢が同じなので、プログラムをたてやすいでしょう。ただ、対象年齢が小学校一年生の場合、夏休み前はまだ就学前とほとんど同じだと思って、あまり長いおはなしを設定しないほうが良いと思います。就学前からおはなしを聞きなれている子がそろっていれば別ですが、そういうケースはあまりないと考えたほうがいいでしょう。無理におはなしを三つしなくても、おはなしはひとつにして、絵本を読んでも良いのではないでしょうか。

おはなし会に詩やことばあそびをいれてみるのもいいでしょう。声をだして一緒に暗唱したり、簡単ななぞなぞをしてもいいと思います。ただ、なぞなぞに夢中になって子どもたちが興奮してしまったり、おはなしの時間がなくなってしまわないようにしてください。

おはなしを邪魔しない人形を使ったり、わらべうたや手あそびで遊ぶのも良いですが、あくまでおはなしがメインであることを忘れないようにしましょう。

小澤先生が主催する昔ばなし大学基礎コースの後の語りコースを担当したとき、プログラム係を作り、語り手から連絡を受けてプログラムを組む練習をしてもらいました。プログラムを組むにはおはなしの特徴を調べなければなりません。時間配分を考え、順番を決めるのもたいへんですがその過程が大切です。聞いたことがないおはなしを知る機会になり、また、人に配布できる形に整えること、出典の本の書誌事項をきちんと書くこと、なども体験します。

また、自分ひとりで三十分子どもたちの前でおはなし会をするとしたら、と想定し、プログラムを作って提出してもらいます。わたしはそれに簡単ですがコメントをつけて全員分をまとめたかたちでお返しします。普段グループで語っている人にとっては自分ひとりでどこまでできるかを考えておく機会になります。自分の語れるおはなしが年齢的・内容的に偏っていることに気づいたり、どんなおはなしや絵本と組み合わせればいいか考える機会にもなります。

季節で考えたり、「こわいおはなし会」という設定で考えたり、行事の中でやることを考えたり、さまざまな案が出てきます。他の受講生が考えたプログラムやそれに対してのコメントを読むことも勉強になります。

プログラムの実例を紹介しますので、参考にしてください。

例3　図書館のこわいおはなし会　☞5歳以上

1. ミアッカどん（おはなし）
2. 三枚のお札（おはなし）
3. 元気な仕立て屋（おはなし）
4. 黒いお姫さま（おはなし）

「こわいおはなし会」という限定で選ぶと、意外に難しいですね。少しクスッと笑える「三枚のお札」を中間にいれたのは良いと思います。3と4のイメージが少しだぶるので、3を「ちいちゃいちいちゃい」などに替えてもいいでしょう。

例4　収穫祭のおはなし会　☞小学2年生と地域の人

1. いちにのさん（わらべうた）
2. 穀の精《しょう》（おはなし）
3. さんまいのおふだ（絵本）
4. ぺったらぺったん（わらべうた）
5. 猿神退治（おはなし）

収穫祭で子どもと大人が一緒におはなしを聞くというのは素敵ですね。4でわらべうたをいれず5にいってもいいと思います。3も絵本でなくおはなしでもいいと思います。

例5　夏のおはなし会　☞2、3年生

1. 「あめ」「ゆうだち」「かみなり」（詩）
2. 足折れつばめ（おはなし）
3. かん太さまのいびき（おはなし）
4. なぞなぞ「おひさま」「すいか」「せんたくばさみ」「あめ」
5. ヤギとライオン（おはなし）

夏らしいプログラムですね。詩はひとつ減らしても2回は繰り返して読んでください。なぞなぞは子どもたちがあまり興奮しすぎないように短くまとめて最後のおはなしを語ってください。

30分のプログラムをたてるとしたら

語りコースで提出された例と、それに対する私のコメントです。

例1　図書館のおはなし会　☞4歳から低学年

1. おいしいおかゆ（おはなし）
2. 馬方やまんば（おはなし）
3. てあそび｛こどもとこどもがけんかして｝
4. おばあさんとブタ（おはなし）
5. お月さまの話（おはなし）

不特定多数の子どもが参加する図書館のおはなし会では、いろいろなおはなしを用意しておくことは大事ですが、30分で4つのおはなしは多いと思います。短いおはなしを4つではなく、メインのおはなし（10分）ともうひとつくらいにして、あとは絵本でもいいのではないでしょうか。手あそびはおはなしとおはなしのあいだではなく最初にして、例えば、3、4、5、2という順にしてはどうでしょう。時間があまったら、おまけに1を語ってもいいのでは。

例2　たんぼのおはなし会　☞図書館6月

1. あいさつ
2. うた「おたまじゃくしのうた」
3. きつね女房（おはなし）
4. 田植えぎつね（おはなし）
5. わらべうた「はやしのなかから」
6. おしら神さまの田植え（おはなし）

ネーミングが面白いおはなし会ですが、対象は何歳くらいでしょうか。3、4ときつねのおはなしが続くと、印象がごちゃごちゃになってしまう可能性があります。どちらかひとつにしてはどうでしょう。どのおはなしも短いので、少し長めのおはなしを最後に持ってくるか、絵本を読んでも良いと思います。

◎子ども会のクリスマスおはなし会　☞小学生と親

1. クリスマスのまえのばん（詩）……………………………………3分
2. こびとと靴屋（おはなし）……………………………………………7分
3. 十二のつきのおくりもの（おはなし）………………………… 12分

1歳から3歳の弟妹たちも一緒でしたが、お母さんがいるのでぐずることもなく、静かにおはなし会を楽しんでくれました。

◎特別支援学級

1. ももやももや（わらべうた）………………………………………7分
2. しょうぼうじどうしゃじぷた（絵本）……………………………6分
3. おおきなかぶ（絵本）…………………………………………………7分
4. 三びきのやぎのがらがらどん（おはなし）……………………6分

特別支援学級にはいろいろなハンディの子どもがいるので、あらかじめプログラムを印刷せず、その日の様子を見て何を語るか決めています。1は布を使ったわらべうたで以前何回かやったものです。2は自動車の好きな子がいるため。3は教科書に出ていてみんなが好きなおはなし。4は以前絵本を読んだ時、とても喜んだ子がいたからです。

◎2年生

1. おばあさんとブタ（おはなし）…………………………………7分
2. みつばちの女王（おはなし）………………………………………7分
3. がっこうのうた（詩）…………………………………………………5分
4. はたらきもののじょせつしゃけいてぃ（絵本）………………7分
5. ずいとんさん（絵本）…………………………………………………7分

1のような積み重ね話は、高学年になると飽きた顔をする子がいます。2は3回の繰り返しがでてくるグリムのおはなしで、「みつけ鳥」「七羽のカラス」などでもいいでしょう。おはなしに日本の話がはいっていないので、絵本でいれました。

わたしのプログラム例

おはなし会はさまざまな要因に左右されます。
あくまでも例と考え、参考にしてください。

◎図書館のおはなし会　☞5歳以上

1. ゆっくりゆきちゃん（詩）……3分
2. 金いろとさかのおんどり（おはなし）……7分
3. 三枚のお札（おはなし）……7分
4. みつけ鳥（おはなし）……8分

30分の設定でも、25分くらいで終わるプログラムを用意します。詩は3と4のあいだでも良いと思います。詩を選ぶときはおはなし会の雰囲気を壊さないものを選びます。時間があまったら、「ちいちゃいちいちゃい」などをおまけで語ります。

◎星空の下のおはなし会　☞小学生と親

1. 七羽のからす（おはなし）……7分
2. アンドロメダのはなし……18分
3. 星の銀貨（おはなし）……3分
4. 天人女房（おはなし）……8分

秋の夜、星の観測会の後、校庭にマットを敷いて行いました。ランプの灯りで雰囲気はとてもよく、親子で楽しんでくれました。2はその日観察した星座にちなみ、ギリシャ神話から語りました。「北斗七星」のおはなしをいれても良いと思います。

◎3年生

1. 傘屋の天のぼり（おはなし）……………………………………7分
2. かしこいモリー（おはなし）……………………………………12分
3. パイがいっぱい（詩）………………………………………………5分
4. 1ねんに365のたんじょう日プレゼントをもらった
   ベンジャミンのおはなし（絵本）…………………………………7分
5. こかげにごろり（絵本）……………………………………………7分

1は日本のおはなしでクスリと笑える軽いおはなしです。2はスリルがあり、はじめは落ち着かなかった男の子たちもピタッと静かになって、「もうだめだ」と声があがりました。緊張から解放されてほっとした後は、少しのんびりした詩や絵本もいいと思います。

◎5年生

1. おさらをあらわなかったおじさん（絵本）…………………………7分
2. 猿婿（おはなし）……………………………………………………8分
3. だれかがドアをノックした（詩）…………………………………5分
4. ガチョウ番の娘（おはなし）………………………………………18分

このプログラムのメインは4です。今日はこれだけ聞いてもらえれば良いと思い、他のものはメインより目立たないものにしています。

◎中学1、2年生

1. 馬方やまんば（おはなし）…………………………………………7分
2. 黄龍（おはなし）……………………………………………………15分
3. りこうなうさぎかもしか（おはなし）……………………………2分
4. 熊の皮を着た男（おはなし）………………………………………18分

昔ばなしの語るものは思春期の心に届く内容が多く、この歳ごろの子たちもよく聞いています。2は主人公が13歳。3は笑えるおはなし。メインは4です。主人公の若者が遍歴する姿に自分を重ねることも多いと思います。1を「いたちの粟ばたけ」などの短いものにしても良いです。4を「金の髪」にかえても集中して聞けると思います。

6. 語りの場をつくる

◎入門編◎

語りの場は、図書館・文庫・公民館・学童クラブ・幼稚園・保育園などさまざまです。近年、老人施設や病院で語る方も増えてきて、ますます活動の場が広がっていると感じます。

公共図書館

公共図書館は現在、ほとんどの図書館が0歳から登録でき、子どもが人生で初めて利用できる公共施設になっています。子どもは図書館の中で、大人と対等に扱われ、本を読んだり、借りたり、おはなし会や絵本の読み聞かせなど、子ども向けのプログラムに参加できます。親の行動に左右されがちな子どもの生活においては、無料で、ひとりでも利用できることは、子どもが自分の意志で自由に利用するための大切な条件です。誰でも参加できるおはなし会は、おはなしを聞いたことがない子におはなしの楽しさを伝え、裾野を広げる役割もあります。おはなしから本に興味を持った子に、その場で本をすすめることもできます。米国ではストーリーテリングはライブラリアンの必須の技術といわれ、図書館学の授業で学びます。耳からおはなしを聞き、想像力を豊かにすることは、物語の楽しみを知り、本への興味を広げることにつながります。図書館のフロアやカウンターにおはなしを語ってくれた図書館員がいれば、子どもたちは親しみをもってその人に本の話をしに行くでしょう。おはなしを語るための「おはなしのへや」があるのはほとんどの町で公共図書館だけですから、そこで働く図書館員が活用して欲しいと思います。詳しくは、実践編の11.をお読みください。

小学校

小学校での語りは、年齢が揃っていておはなしを選びやすく、おはなしを聞いたことがない子にも出会えるチャンスです。わたしは四五分の授業時間の中で、おはなしを二つか三つと詩や絵本を読むことにしていますが、高学年で聞きなれた子どもたちの場合には、おはなしだけにすることもあります。

しかし学校では、自分の意思ではなく、授業のひとコマとして否応なく席についている子もいることを忘れてはいけません。生まれてはじめておはなしを聞く子もいるでしょう。いいかげんなおはなしをして失望させないようにしましょう。

わたしの経験では、学校はハプニングの宝庫です。事前に学校と日時を打ち合わせていたにも拘わらず、行ってみたら教室が空っぽで呆然としたことがあります。マラソンに出ていた、学年集会で体育館にいた、プールの時間でみんな水着に着替えていた、防災訓練で避難した、家庭訪問で短縮授業になった、なわとび大会の練習で業間休みが長くなった、などなど。そこで、一週間前に確認のＦＡＸを入れるようにしましたが、その日急に予定が変更になる、という場合もあります。

こうした場合、改めて日時を決めなおして実施することになりますが、再確認の手間をかけるにこしたことはありません。学校の先生方は限られた時間の中で授業を組み立てており、その一端におはなしを入れていただくのですから、日時の確認はこちらからしていかなければいけません。

いざ教室で語り出してからのハプニングもいろいろです。例えば、

◎マラソン大会の練習後で汗だくで息があがっていた。
◎隣の教室でピアニカの練習が大音量で始まった。
◎廊下を通る他学年の子どもたちが騒いだ。
◎先生の呼び出し放送がかかった。

◎大きな掲示物がはずれて落ちた。
◎風で習字の半紙が吹き飛ばされた。
◎虫が飛びこんできて、子どもたちが逃げ回った。
◎いきなり鼻血を出した子どもがいて、他の子が騒いだ。

などなど、後になれば笑い話ですが、子どもたちの集中力を阻害する事件は枚挙にいとまがありません。

わたしは休み時間中に行って、廊下で時間になるのを待ちながら、子どもたちや教室の様子を見るようにしています。少しそのクラスの様子がわかりますし、おはなしの前に、窓が開けっぱなしだったら閉めておく、飛びそうな紙は押さえておくなどの予防措置もとれます。でも、どうしても防げない事故はあります。

ある日、一年生の教室で語っている最中、地震がありました。緊急放送が流れ、子どもたちは一斉に、後ろにさげてあった机にもぐりだしました。あっというまにわたしだけが教卓の横にとり残されました。担任の先生も子どもたちを誘導してそのまま机の下にもぐりこんだので、わたしも教卓にもぐりこみました。地震がおさまったあとも教頭先生から繰り返し、「安否確認」や「すみやかに避難できたことへのお誉めのことば」などの放送があり、十分間中断しました。おはなしはほとんど終わっていたので大丈夫でしたが、学校という場では、児童生徒の安全確保が第一。動揺せず行動し、担任と一緒に子どもを誘導すべきだったと反省しました。

ほとんどの先生は子どもたちと一緒におはなしを楽しんでくださいますが、中には、こんなこともあります。

◎おはなしの最中ずっとテストの採点をするシュッシュッという音が響き、子どもたちが気にしていた。

◎いきなりカメラで子どもたちの写真を撮りだす。

◎子どもが少しごそごそするとすぐに飛んでいって叱る。

◎終わってからすぐに、感想をいわせる。

◎「先生は出かけますが、うるさくした人は後で伊藤先生（わたし）から報告してもらいます」というのには参りました。これから、おはなしをして子どもたちと親しくなろうと思っているのに……。

ある日、子どもたちは良くおはなしを聞いているのに、担任の先生は後ろをうろうろと歩き回り、ベランダに出ては戻ってくるというクラスがありました。時間が終わって教室を出ると女の子たち数人が来ていいました。「おはなしの最中、先生が聞いていなくてすみませんでした」。子どもはよく先生の行動を見ています。おはなしを聞いた経験がなかったり、外部の人に失礼があってはならないと緊張されていたりすることから起こることもあるでしょう。終わってすぐ感想を求めなくて良いことなど、事前の打ち合わせで回避できることはしておいたほうが良いでしょう。

先生自身がおはなしを楽しんでいるクラスは、例外なく、子どもたちもよくおはなしを聞きます。ときには、先生が真っ先に吹き出してしまい、つられて子どもたちが笑いだすこともあります。そういう先生は子どもたちに好かれていて、「今度は先生がこのおはなし読んで」とせがまれたり、「おはなし大好き、先生も読んでくれるんだよ」とわたしに報告にきたりします。「いやあ、おはなしっておもしろいですねえ」と、言いにきてくださる先生の両腕には、たいがい子どもたちがぶらさがっていて、とても良い雰囲気です。

学校でおはなしをするにあたって、子どもたちにおはなしを届けることはもちろんですが、先生方におはなしのおもしろさを伝えることも大切です。先生はあまりおはなしに関心がなく、子どもたちの反応も薄かったクラスが、半年後に行ったときにはおはなしをとても楽しんでくれたことがありました。すると、担任の男の先生が、学級だよりを見せてくださいました。そこには、先生がはじめて耳からおはなしを聞いて感動し、おはなしを楽しんでいる子どもたちの姿にも感動したこと。それで、自分でも少しずつ宮沢賢治の本を読み聞かせることにした。子どもたちはよく聞いてくれてうれしかった、ということが書いてありました。週に一回の先生の読み聞かせを子どもたちはとても楽しみにしていて、学級運営もうまくいくようになったということ。

「今ではつい長く読みすぎて、帰りの時間が遅くなってしまうくらいです」と笑う先生を、わたしはすばらしい先生だなと思いました。

子どもにとって、先生の影響は測り知れません。先生方の研修会でおはなしを語らせてもらうと、一気に理解がすすみます。教育を仕事に選ばれた方たちですから、子どもたちにとって良いことへのアンテナはとても敏感な先生が多いと思います。学校に学校司書が配置されている場合、学校司書さんがおはなしを語るのも良いでしょう。子どもたちは日常的におはなしが聞け、学校図書室の利用も大いに増加すると思います。学校という場は時にはハプニングも起こりますが、そのハプニングを楽しみましょう。なんといっても子どもたちの学び育つ場所、そこでおはなしをさせてもらえる幸せを感じて語りましょう。

中学校・高校・大学など

思春期の子どもたちは小学生と違い、おはなしにすぐに反応してくることはありません。ある中学校では、

「うちの生徒はおはなしなんか聞きますかねえ」と、先生も半信半疑でした。生徒たちもあまり聞いているふうではなく、しかたなくそこに座っているというかんじでした。でも、帰り道で挨拶されたり、おはなしの本を借りに図書館に来たり、この歳ごろの子どもたちの心にもおはなしはちゃんと届いているなと思います。

看護学校で語ったときは涙を浮かべて聞いていた生徒がいましたし、大学生も真剣で、一般成人とは違う反応がありました。

「昔話は子どもや若者を主人公とした場合、その主人公が変化しながら成長する姿を語

りたがっている」(『昔話が語る子どもの姿』)とは、小澤俊夫先生のことばです。繊細で迷いの多い時期だからこそわかるおはなしがたくさんあります。若者の多い場所で語る機会がもっと増えてほしいと思います。

学童クラブ・児童館・公民館

親が仕事をしていて家にいない家庭の子どもたちが放課後を過ごす学童クラブは、主に低学年対象ですが、クラスも学年も違う子どもたちが集まり、教室とはまた違った雰囲気です。子どもたちは、おやつを食べたり、宿題をしたり、遊んだりして時間を過ごします。

学童クラブは、学校での緊張で疲れた子どもたちが、ただいまと帰ってくる家庭の役割も担っています。学童クラブでおはなしを語る場合はそのことを忘れてはいけません。教室のようにちゃんと座らせて聞かせようとすると、授業の延長になってしまいます。強制ではなく、聞きたい子だけ集まってもらっても、座って聞くことができず、寝転がったり、すぐ飽きてしまったりして、担当の先生がお行儀よくさせようとしてもなかなかいうことを聞かないことがあります。子どもたちは学校で疲れ果てているので、ほっとしたいのです。さらに、他の子が周りを走り回っていたり、マンガを読んでいたりするとそちらに気がそれてしまいます。

担当の先生とよく話し合って、なるべく子どもたちが落ち着ける時間と場所を考えましょう。おたよりにのせてもらったり、お誕生会の一部にしたり、毎月の予定にされていると、子どもたちもおはなし会を楽しみに待つようになります。教室で聞いた子がほかの子どもたちに紹介してくれたり、保育園で聞いた子がおはなしのおもしろさを伝えてくれたり、と、子どもたちの口コミでおはなし会を楽しみにしてくれていたこともありました。

以前学童クラブで語り出したわたしの目の前に、いきなりカエルをぶらさげた男の子がいました。内心びっくりしましたが、カエルも虫も平気なたちなので、しまわせておはなしを続けました。自分のほうをふり向いてほしい子はときどきこういうことをしますが、こんなときは、あなたのことをちゃんと見ているよ、ということを態度でしめしつつ、おはなしを最後まで語ることです。おはなしが終わってから、彼の自慢のカエルを見せてもらうことも忘れないように。

公民館や児童館は、その主催事業やサークルに参加する子どもがおはなし会に立ち寄ったり、親子づれの参加もあります。午前中や午後の早い時間は就学前の年齢を対象に、小学生が来る時間は小学生対象のおはなし会をすることができます。不特定多数の子どもたちが対象なので、プログラムをたてるのが難しいですが、なるべく続けてきてもらえるように、おはなし会カードを作って、来た子にスタンプを押してあげるのも良いでしょう。他の行事日程と重ならないよう、担当の職員とよく話し合いましょう。「おはなしクラブ」を作って、年間を通して固定したメンバーに語ることもできるでしょう。

保育園

保育園は、親が仕事をしていて家庭にいない未就学児を預かっています。わたしは、保育園では五歳児におはなしを語り、絵本も読んでいます。生まれてはじめておはなしを聞く子たちにおはなしを語るのはとても光栄でドキドキします。それまで絵本を読んでもらっていたのに、絵本がないと知ると、子どもたちは、「なんで？」という顔をしますが、語るにしたがって、楽しそうに聞き入ります。

ある保育園の五歳児クラスで、いつも一番前の真ん中に座りこむ女の子がいました。その子Eちゃんは絵本の最中、後ろにでんぐりがえりをしたり、横の子をつついたり、あげくに途中で立っていってしまうので、他の子たちは注意をそがれてしまいます。ある月は、先生に廊下でたっぷり叱られてから遅れてはいってくると、ぐいぐい他の子を押しのけて前に割り込みました。その日は絵本『おちゃのじかんにきたとら』を読んでいたのですが、家にトラがたずねてくる場面で、「こわくないかなあ」と、ひとりの男の子がつぶやきました。Eちゃんは「こわいわけないじゃん、バカ！」と、その子を叩いたので、男の子は泣きだしてしまいました。遊びでも他の子を子分のように従え、ボス的存在なのがわかりました。

ところが、初めておはなしを語った日、その日は寒い日で「馬方やまんば」を語ったのですが、Eちゃんは立ち上がることもなく、最後までじっと聞いていました。そして、わたしの帰りがけ、「またおはなしして」と、そっといってきたのです。それから毎月おはなしをしましたが、Eちゃんはとてもよく聞いていて、けっして他の子の邪魔をすることはありませんでした。卒園の前、ろうそくに手を合わせて一心にお願いごとする横顔に、かつてのEちゃんの面影はありませんでした。

一年後、学童クラブのおはなし会に呼ばれた時、門を開けるわたしをみて、建物の中から「あ、やっぱり！」と声が上がりました。駆け出してきたのはEちゃんでした。少し背が伸び、ハスキーボイスは相変わらず。わたしの手をぐいぐい引っ張って玄関に連れて行くと、中にいた子どもたちに呼びかけました。「わたし、この人知ってるよ。おはなしのおねえさんだよ。おはなしって、とってもおもしろいんだよ‼」

おはなしの何がEちゃんをひきつけたのか、それはわかりません。絵本の読み聞かせで一番前に座るくらい、絵本は好きだったのでしょう。でも、おはなしを耳から聞き、頭の中でその世界を想像することは、不思議な体験だったのではないでしょうか。子どもの成長のそんなひとコマに出会えた幸運を感謝せずにはいられません。

保育園は一緒にいる時間が長いせいか、子どもたち同士が兄弟のようによく知り合っています。図書館に来る時間がない家庭も多いので、機会があれば積極的に語りに行きたい場所です。

幼稚園・文庫など

幼稚園はお母さんの関わりが多い場所です。お母さんも一緒におはなし聞いてもらうことがありますが、子どもたちはお母さんが後ろで聞いているのを嬉しそうに確認しています。親子一緒におはなしを聞くと、後で図書館に本を借りに行ったり、おはなしのことを家庭で話したりするきっかけになります。おはなしを好きになったお母さんが、語り手として学び始めることもあります。子育てとおはなしが結びつくと、家庭にまた違った世界が拓けるでしょう。お母さん方に小学校入学後の絵本やおはなしについて話すのも良いと思います。小学生になると字が読めるからと読み聞かせをやめてしまうお母さんが多いので、続けてもらうためです。上の子が小学校中学年・高学年だという方には、昔話集をすすめます。読んであげても自分で読んでも楽しめるでしょう。

幼稚園の先生方の研修会でおはなしを語ったときのこと、ある先生が、自分も子どものころ、おばあさんから昔ばなしを聞いたことがあるのを思い出した、とおっしゃいました。それまで絵本ばかり読んできたという先生を励ますと、その先生は、それから少しずつ帰りの会で語り始め、子どもたちが楽しみにするようになりました。

幼稚園や保育園のおさんぽで図書館に行き、おはなしを聞くのも良いでしょう。公共施設の使い方を学ぶという点でも、いい経験になります。入園すると図書館の利用券を作りにいってもらい、クラス単位で図書館に行って、本を借りたり、おはなしや絵本の読み聞かせを聞いて帰ってくるという活動をしている幼稚園があります。それまで図書館に行く習慣のなかったお母さんも図書館を利用するきっかけになります。

文庫では来る子の顔ぶれがだいたい決まっていて、小さい時から知っている子どもたちにおはなしを語れます。子どもたちもおはなしに慣れていて、聞く耳ができています。大人よりおはなしを知っている子がいてびっくりすることがあります。また、ゲストで語りに行った場合、文庫でいつも語っている方と、語り方が違ったりおはなしの中の歌のメロディが違ったりすると、それは違うという顔で教えてくれます。文庫は開いている方の個性がでます。家庭的な温かい雰囲気でおはなしが聞けるという点で、家庭文庫は伝承の昔ばなしを聞く環境に最も近いかもしれません。

家庭文庫・地域文庫の地道な活動は、地域の文化を支えています。本が好きで子どもが好きで、人の子どものために活動することができる人たちに囲まれて育つことは、子どもにとって好ましいことです。おはなしが子どもにどんな影響を与えたか、その成長とともに見守っていけるからです。地域文化の伝承という面でも、文庫はとても大切です。土地のことばで語る昔ばなしは、子どもたちに故郷への愛着を育てます。もし、転勤族でその土地のことばを知らなくても、最初は自分のことばで語り、徐々に覚えればいいですし、なにより、おはなしを語ることでその土地の子どもや大人たちから学ぶことは多いでしょう。

小学校のPTAから、星座の観察会でおはなしを語ってほしいと依頼されたことがあります。夜、天文好きのお父さんが天体望遠鏡で星座を子どもたちに見せた後、校庭に敷いたシートの上で語ることになりました。ギリシア神話と星の出てくる昔ばなしを語りましたが、当日は風が強く、キャンプ用のランタンが揺れる中、子どもたちは体を寄せ合って聞いてくれました。風のために声が拡散し、けして良い環境ではありませんでしたが、いつもの校庭が違う場所に見えて忘れられないおはなし会になりました。その他、子ども会でも、キャンプファイアーでも、どんな場所でも身ひとつで語れるのがおはなしです。

おはなしを語る場は、これからもどんどん広がっていくでしょう。元々おはなしは、子どもたちだけではなく、大人にも楽しまれてきたのですから、まだまだ開拓の余地があります。病院、老人施設、ホスピスなどで語る人も増えて来ました。子どもたちとは違った反応があったり、自分が子どものころ聞いたおはなしを思い出す聞き手がいたり、新しい出会いが広がっています。

語り手のいるところはどこでも語りの場になります。そして、環境に恵まれなくても、わたしたちは語らなくてはいけません。おはなしというものが、世間的にそれほど認知されたものでないからです。認知を広め、できるだけ良い環境で語れるようになるためにも、語らせてくれる場所があれば全力を尽くして語る、という行為を続ける必要があるのです。

場の設定

おはなし会は曜日と時間を決めて行います。日本では一年中変わりなく行われていますが、米国ではハロウインからイースターまでがストーリーテリングの季節とされているそうです。春夏のあいだしっかりおはなしを覚え、秋から語るというサイクルがあると、しっかり練習できます。季節によって内容を変えてもいいでしょう。

人数はせいぜい三十五人（一クラス）まで、できれば二十人以内が、語り手が見渡せる人数ではないかと思います。一学年百五十人に聞かせたい、八百人の全生徒に聞かせたいなどの要望があった場合は、おはなしは大人数に語るものではなく、聞き手の表情がわかる人数で語らないと、ひとりひとりが持って帰るものが少なくなることを説明しましょう。何回でも語るので、一クラスずつ分けてもらえないか交渉しましょう。

座らせ方は、なるべく前の子と後ろの子がずれるようにして扇型に座らせます。十人ずつ二列より、七人ずつ三列のほうが、横広がりにならずにすみ、語り手が子どもたちの表情を見渡せます。子どもたちが床に座っているときは、語り手は椅子に座ります。子どもたちが椅子に座っているときは語り手は立ったほうがよく見えるでしょう。現代の子どもたちは椅子の生活になれ、背筋力が弱くなっているようで、少し長く床に座ると、だらっとしたり、ぐらぐらしたりしがちです。それならば最初から椅子に座らせたほうが安定して聞いてくれるでしょう。

語り手は立って語る場合、椅子の背に手をついたり、寄りかかったりせず、自然に立ちましょう。椅子に座る場合は、少し浅めに座り、椅子に手をつかないで語りましょう。

最近の図書館にはたいがいおはなしのへやが作られています。プラネタリウムのように星空が動く天井があったり、壁に絵が描かれていたりすることがありますが、おはなしに飾りや装置は特に必要ありません。おはなしは部屋の雰囲気で聞くのではなく、ことばから想像を広げるのですから。静かで落ち着いた環境であれば良いのです。

普段は絵本の書架があり、おはなし会の時だけ仕切る場合、その時間に絵本を読みにきた子どもが騒いだり入り込んだりすることがあります。声や音が筒抜けになるのも困ります。豪華なおはなしのへやの使い勝手が悪く、会議室にじゅうたんをひいておはなし会をしている、というもったいないこともおきています。できれば、小さくてもいいので、おはなし会のときだけ使う部屋にしたほうが、子どもたちにおはなしへの期待感をいだかせます。おはなしのへやの入り口が周囲の壁から少し引っ込んでいるだけでも、いつも利用している場と違った雰囲気がでます。

おはなしのへやまでは他の人が子どもを誘導し、語り手は中から招き入れると、子どもたちはおはなしの世界に招き入れられたかんじがするでしょう。

照明は少し暗めに、でも、語り手の表情が見えないとおはなしは伝わりません。目が慣れると暗いのもあまり気にならなくなりますが、小さい子がまじっている場合は、あまり暗くしすぎないほうが良いでしょう。

おはなしのへやがなくても、おはなし会はできます。ある古い図書館ではおはなしのへやがなく、二階に上る階段がおはなし会の場所でした。語り手の声が届き、子どもたちの表情を見ることができるように、部屋の隅のあまり広すぎない場所を決め、じゅうたんやマットなどをひいてあたたかで静かな雰囲気をだしましょう。カーテンやブラインドを少し閉め、落ち着いた空間にします。机の上にいろいろなものがあるとそちらに注意がいってしまいますのでわたしは置きません。語りのテキストとなった本はおはなしが終わってから紹介します。

ろうそく

おはなし会にろうそくを使うかどうかは、語り手が決めれば良いと思います。きれいな音色の鈴をならしたり、きまった詩を読んで始めるのもいいと思います。

ろうそくの灯りは人工の照明に慣れたわたしたちを、懐かしくあたたかな雰囲気で包みます。それだけで普段とは違う世界の扉が開かれたように感じます。ろうそくやマッチをはじめて見るという子どもも多く、集中力が高まり、期待感はいや増します。わたしは、「これはおはなしのろうそくです。このろうそくに火がつくとおはなしが始まります」といって、ろうそくをつけておはなしを始め、終わった後に子どもに吹き消してもらいます。「お願い事がかなうといわれています」というと、子どもたちは我も我もと消したがります。わたしはその誕生月の子、誕生日がその日と同じ子などに消してもらいますが、直接吹き消せない子にも心の中で願い事をしてもらうようにしています。

図書館のおはなし会が終わり、ろうそくが吹き消されたとたん、じゅうたんにつっぷして泣きだした男の子がいました。その泣き方が、静かにしくしくという泣き方だったので、おなかでも痛いのかとあわてたのですが、よく聞くとろうそくが消したかったとのこと。あまりかわいそうで、彼だけ残ってもらってろうそくをつけて吹き消してもらいました。後でお母さんが恐縮して謝りに来られましたが、その子は心から消したくてたまらなかったのです。

小学校のおはなし会にもろうそくを持っていきます。あるとき、廊下で六年生の女の子たちに、「ねえ、今日はろうそく消させて、六年間一度も消したことがないもん」といわれました。「図書館のおはなし会でも消せるわよ」というと、その子たちはいいました。「ええー、みんなの前で消すのがいいんじゃない！」

「願い事なんかかなうわけないじゃん」といった子に、「ほんとだよ、ぼくかなったもん」という子もいました。小さい子に、「願い事がかなうようにお願いするんだよ、ほんとにかなうんだよ」と、教える小学生もいました。ろうそくを吹き消す時、願い事をする子どもたちの姿は真剣そのものです。小さな手を合わせて真剣に祈る姿を見ると、その願いがかなうよう、わたしも願わずにはいられません。

溶けたろうを見た子からこんなことをいわれたことがあります。

「ねえ、そのとけたの、また使えるの？」「そうよ」「ふーん、じゃあリサイクルだね！」

7. 昔ばなしを子どもたちに

◎入門編◎

大人と子どもの違い　「猿婿」に学ぶ

「猿婿」のあらすじ

日照りの中、じさが畑で草取りをしている。この草を取ってくれるものがいたら、三人娘のうちひとり嫁にくれてやるのにとひとりごとをいう。すると、猿が出てきて草をとってくれる。

娘を猿の嫁に出さなければならなくなったじさは家に帰り寝込んでしまう。上の娘も中の娘もじさのことを相手にしないが、末娘はじさのいうとおりに猿のところへ嫁に行く。

しばらくして里帰りの日、猿と娘は餅をつく。猿が餅を重箱にいれようとすると、娘は、じさは重箱くさい餅はいやがるという。猿が臼を背負ったまま山を降りて行くと桜の花が咲いている。娘が、じさは桜の花をいれた餅が好きだというと、猿は臼を背負ったまま桜の木にのぼって行く。猿は木の枝の先まで行き、谷川に落ちてしまう。猿は流されながら泣く。

（『日本の昔話１』）

このおはなしを語ると、子どもと大人の受け止め方が全く違うのに驚きます。大人は、猿は何も悪いことをしていないのになぜ川に流されていくのかと猿に同情します。けれども子どもは、猿が流されていくところでは、ああ良かったという表情です。なぜ大人と子どもでこんなに受け止め方が違うのでしょうか。

子どもがこのおはなしを聞いていて、はっとした表情をするのは、末娘がじさに「はい、わたしは行きますよ。とうさんのいうことならなんでも聞きますから、起きてごはん食べてください」と答えるところです。聞いていた子どもたちからは「えっ?」「ほんとに?」という声も聞こえ、ここから子どもたちは末娘に同情し、そんな娘を嫁にもらおうとする猿を悪い奴だと判断します。いえ、そもそも猿は登場した場面から、「うそをつくと腹をひっかくぞ」とじさを脅かしており、子どもたちは猿が凶暴だと感じています。じさが娘をひとりやるのに、とひとりごとをいったのも、苦し紛れであって、本意ではないことも感じとっています。さらに、困り果てたじさを、姉娘たちが二度もばかにする行為によって、末娘の心の優しさは一層際立ちます。

「子どもが主人公と自分を同一視するのは、主人公がいい人だからではなく、主人公のおかれた立場に深く心を動かされるからだ」(『昔話の魔力』ブルーノ・ベッテルハイム)ということばどおり、子どもはじさと末娘の立場に深く同情して、このおはなしを聞いています。

大人は猿を擬人化し、草を取ったという行為だけを見ています。そしてむしろ、じさのことばに反感を感じています。また、大人は三回のくりかえしが出てくると、たいがい二回目はよく聞いていません。けれども子どもたちはおはなしのとおりに、一回目、二回目と聞いていくので、末娘が「はい」といった時、大いに驚き、同情するのです。「作戦勝ちだな！」「（猿が川に落ちると）わかってて、いってんだよね」とは、聞き終わった子どもたちの声です。猿に全く同情せず、悪い猿がいなくなって喜ぶのです。「めでたしめでたし」と付け加えた子もいます。

昔ばなしは聞く年齢でもいろいろなとらえ方ができ、それがまた魅力です。大人の考えを押しつけず、子どもたちが感じるままにしておいてほしいと思います。

なぜ子どもたちは昔ばなしが好きなのでしょう　「みつばちの女王」から

子どもたちは昔ばなしが大好きです。創作のおはなしも楽しみますが、昔ばなしはどの年齢の子どもも惹きつける魅力があります。その秘密はどこにあるのでしょうか。
昔ばなしは創作の文学といくつかの点で決定的に違います。グリムの昔ばなし「みつばちの女王」を例に見ていきましょう。なお、昔ばなし特有の文法について詳しく学びたい方は、『昔話の語法』(小澤俊夫)を参照してください。

「みつばちの女王」
むかし、ある国に三人の王子がいました。

多くの昔ばなしは、「むかしむかし」「むかしあるところに」などのことばで始まります。これは、今から昔ばなしの世界に入りますよ、という合図で世界共通です。いつの時代のどこの国かはいいません。時間と場所は不特定です。昔ばなしには三人兄弟など、三という数字がよく出てきます。三人の王子の年齢や容姿は語られません。昔ばなしは登場人物が本来持っている周囲(どんな城の王子で、お付きの者がどんな様子か、他の兄弟とはどんな関係かなど)を語りません。これらの特徴は、おはなしの舞台や主人公を聞き手の想像に任せます。だからこそ、聞き手はだれでも主人公になれるのです。

末の王子は兄さんたちから、おろか者とよばれていました。

三人のうち一番年下の王子がこの昔ばなしの主人公です。末っ子、つまり、三人のうちで一番劣った者、小さく弱い者です。

これが、五人兄弟の三番目で上ふたりからはからかわれ、下ふたりからは尊敬されていた、などとなると、聞き手は想像するのが難しくなりますが、最も小さく弱い三番目といわれると、聞き手は主人公に共感しやすくなります。

あるとき、上のふたりの王子が、世の中へ冒険に出かけました。ところが、そのうちに、荒れた生活をするようになって、お城へはもどってきませんでした。

昔ばなしの登場人物は一対一で出会い、会話します。昔ばなしは耳から聞くもの。たくさんの人物が同時に出てくると、イメージがつかみにくいのです。この三人兄弟は、上ふたりは常に一緒で、ひとりの人格のようです。兄(二人)対、末っ子の一対一の関係で耳から聞いてもわかりやすくなっています。

末の王子は、兄さんたちをさがしに出かけました。そして、兄さんたちを見つけ出しましたが、兄さんたちは、

「おまえもやってきたのか。おまえみたいなおろか者が、世の中をわたっていけると思っているのか。ずっとかしこいおれたちでさえ、うまく世の中をわたっていかれなかったのに」といってあざわらいました。

それから、三人はいっしょに旅に出ました。

末っ子はなぜ兄たちを見つけた後一緒に城へ戻らなかったのでしょう。昔ばなしはその理由をいいません。

やがて、あり塚のそばを通りかかりました。上の王子たちは、「あり塚をひっかきまわしてやろう、小さなありたちがこわがって、たまごを運びだすぜ」といいました。ところが、末の王子は、「そっとしておいてよ。ぼくは、兄さんたちがありをいじめるのはがまんできない」といいました。

昔ばなしの中では、理由もなく生き物をいじめることは、良い結果を生みません。自然界に逆らうことはいけないと昔ばなしは語っているようです。聞き手は末の王子の心の優しさを感じ、共感します。


三人はまた旅をつづけました。そのうちに、湖のそばをとおりかかりました。その湖には、鴨がたくさん泳いでいました。上の王子たちは、

「鴨をつかまえて焼いて食べよう」といいました。けれども、末の王子は、また、

「そっとしておいてよ。ぼくは、兄さんたちが、鴨を殺すのはがまんできない」

といいました。


三人はそれから、みつばちの巣のそばをとおりかかりました。巣の中には、はちみつがたくさんつまっていて、木の幹をつたってたれるほどでした、上の王子たちは、

「この木の下で火をもやして、みつばちたちを焼き殺そう。はちみつがとれるぜ」

といいました。けれども、末の王子は、またそれをとめて、

「そっとしておいてよ。ぼくは、兄さんたちが、みつばちを焼き殺すのはがまん

できない」といいました。

あり塚、湖の鴨、みつばちの巣、似た場面が三回くりかえされます。そしてどれも、周囲の描写がありません。ひとつひとつ孤立して描かれ、耳で聞いていると、三人が一本道を歩いて行くと突然あり塚に出くわすように感じます。末の王子は三回とも同じことばで兄たちを止めます。同じ場面は同じことばで語るのが昔ばなしの特徴です。

しまいに、三人の王子は、あるお城に着きました。ところが、人間の姿はどこにも見当たりません。それに、馬小屋にいる馬は、どれもこれも石の馬でした。

お城の場所や持ち主なども不特定です。お城の中も無人で馬も石であるなど、極端に語られます。昔ばなしは固いものを好みますが、石の馬も固いものです。

王子たちは、たくさんの広間を歩いてみました。すると、鍵が三本ぶらさがっているとびらがありました。とびらのまん中に小さなのぞき窓があったので、その窓から、部屋の中をのぞくことができました。

広間の広さや調度品などの様子は語られません。昔ばなしは話の筋に関係ないことはいわないので、聞き手は気持ちをそらされません。鍵も固いもの、本数も三です。

見ると、灰色の服を着たこびとが、机にむかってすわっています。王子たちは、その男をよんでみました。一度、二度、けれども、こびとには何も聞こえないようです。三度目によぶと、こびとは、やっと立ちあがって出てきました。けれども、ひとことも口をきかないで、三人の手をとると、ごちそうのいっぱいならべられた食卓へつれていきました。三人がたっぷりごちそうを食べ、飲み物を飲みおわると、こびとは、ひとりずつべつの寝室へつれていきました。

このこびとは、同じグリムの「七羽のからす」のガラスの山にいるこびとを連想させます。人間がひとりもいない大きな城の番をしている灰色のこびと、死者の国の番人のようで、不気味で不思議な存在です。この世の者ではないもの、彼岸の世界の存在です。

普通なら、お前は何者かと聞くところですが、そういう者に出会っても、王子たちは普通に話しかけます。

つぎの朝、こびとは一番上の王子のところへ行って、目で合図をし、石のテーブルのところへつれていきました。最初の問題はこういうのです。森一面にはえている苔の間に、王女の真珠が千つぶ、ちらばっている。それを夕日の落ちるまでにぜんぶ集めなければならない。たったひとつぶでも欠けていたら、さがしている人間は石にされるであろう。

こびとと一番上の王子は一対一です。石のテーブルとは板状の大きな石のことでしょうか、ここでも石が出てきます。そして、この不思議な城にかけられた呪いをとく問題が示されますが、誰がその問題を出したかは語られません。問題はとても極端な内容で、ほんの少しでも不完全だったら石になるというものです。千という数も極端で切りのいい数、白雪姫はお妃の千倍も美しい、という表現と同じです。極端に語ることで、耳で聞いた時イメージしやすくなっています。真珠も固く、貴重で、色は白。昔ばなしは赤、白、黒など原色を好みます。

一番上の王子は森へ出かけていって、一日じゅう真珠をさがしあるきました。けれども一日が終わるころ、一番上の王子は、やっと百つぶ集めただけでした。それで、テーブルに書いてあるとおり、石にされてしまいました。

つぎの日には、二番目の王子がこの問題にちょうせんしました。けれども二百つぶの真珠しか集められなくて、石にされてしまいました。

同じ場面が同じことばで語られますが、百つぶが二百つぶにクレッシェンド(だんだん大きく)しています。聞き手は、一番弱い末の王子はどうやってこの問題を解決するのだろうと思います。

最後に、末の王子の番になりました。末の王子は森一面の苔の間をさがしてみました。けれども真珠はなかなか見つかりません。末の王子はとうとう、石に腰をおろして泣きはじめました。すると、前に命を助けてやったありたちの王さまが、五千びきのありをつれてやってきました。そして、たちまちのうちに、みんなで真珠を見つけ、それを山とつみあげてくれました。

三回のくりかえしは、一、二回が失敗し、三回目で成功します。成功するのは一番弱い末の王子です。五千びきというのも極端です。三回のくりかえしは、はじめてこの場面を語る一回目は丁寧に、二回目は少し短く、三回目が最も長く語られます。

二番めの問題は、王女の寝室の鍵を、海の底からひろいだしてくることでした。末の王子が海岸まで来ると、前に命をすくってやった鴨たちがよってきて、海の底へもぐり、鍵をひろってきてくれました。

三番めの問題は、いちばんむずかしい問題でした。ねむっている三人の王女の中から、末の王女をさがしだすことです。ところが、この三人の王女というのは、みんなまったく同じ顔をしていて、見わけがつきません。さがしだす手がかりといえば、ねむる前に一番上の王女は、さとうをひとかけら食べたこと、二番めの王女はシロップを飲んだこと、そして末の王女は、はちみつをスプーンにいっぱいなめたことだけでした。
ところが、そのとき、前に火からすくってやったみつばちの女王がとんできて、三人の王女の口のあたりをとびまわっていましたが、しまいに、はちみつを食べた王女の口にとまりました。それで、末の王子は、末の王女をぴたりとあてることができました。

問題も三題。だんだん難しくなり、ここでこの城の王女が出てきます。その数も三人です。三人は同じ顔をしている点でひとり。王子と一対一ですが、一番下の孤立した存在である三人めの末の王女を当てる、という問題になっています。そしてこの難問は、末の王子が助けてやったみつばちの女王が助けてくれます。あり、鴨、みつばち、それぞれの特性は問題に正確に適合します。パズルのピースがぴたりぴたりとはまって完成するようなきれいな形を昔ばなしは好みます。ここでも三回目が一番長く語られます。

すると、たちまち魔法がとけて、すべてがねむりからときはなされ、石にされていたものはまた人間の姿をとりもどしました。そして、末の王子は、そのいちばんかわいらしい末の王女と結婚しました。そして、王さまが亡くなると、王位につきました。上のふたりの王子は、王女のふたりの姉さんと結婚しました。

（『語るためのグリム童話4』）

魔法は一瞬にして解け、石にされていたものは元の人間に戻ります。末の王子は美しい王女と結婚し、王位につく、つまり、幸せを手にします。あり、鴨、みつばちは末の王子を助けてくれた後どうなったかは語られません。創作の物語だったら、王子を助けた功労者として結婚式に招かれるところですが、昔ばなしに登場する援助者は、その役割を果たすとおはなしの舞台から消えてしまいます。こびとも同じです。

三人の王子と三人の王女、見事に結婚が整いました。

末の王子に共感して聞いていた聞き手は、主人公が幸せを手に入れたことに満足します。小さく劣ったものが大きな成功を手にするダイナミックな展開が子どもたちを惹きつけます。

「みつばちの女王」は、四、五歳からよくわかるおはなしです。昔ばなしらしい整った形で、聞き慣れていない子にもわかりやすいのです。三人兄弟の末っ子が成功するのは、日本の「なら梨取り」にも似ています。登場する者たちも幼い子に理解しやすく、劇的な展開やあまり恐ろしい場面もなく、ひとつひとつの場面がきちんと頭の中で絵になります。語れば七、八分で、末の王子の印象もあまり強くないので、めだたないおはなしです。大人の聞き手の中には、末の王子は何もしないのに幸せになったという人もいます。王子はたしかに心が優しそうですが、真珠が集められないと、石に腰をおろして泣きだしてしまうような気弱な青年です。元々、王女を求めて旅を始めたわけではないのに、最後は王女と結婚できて、運が良かったと感じる人もいるでしょう。

彼が成功したのは、ありや鴨やみつばちに助けてもらったからです。しかし、上の兄さんたちがいたずらに生き物をからかったり、殺したりするのを止めたことで、その助けを得られたのです。兄さんたちは、自分たちが生きていくのに必要なもの以上に自然を傷つけようとしました。彼らにとってそれは、ひまつぶし、からかいにすぎません。もし末の王子が止めず、ありたちを殺したとしても、次々に同じ事をくりかえすでしょう。それは自然への冒涜であり、人間のおごりです。昔ばなしの中でそうした者は罰を受けます。確かにわたしたち人間は、自然の中の命をいただいて生きていますが、必要以上に自然を破壊することが、何を招くでしょう。動物の乱獲によって生態系が崩れたり、木を伐採しすぎた結果、大雨の土砂崩れで人家が流されてしまった、などなど、自然への尊厳を忘れた行為がもたらす厄災は枚挙にいとまがありません。こう考えるとこの話は、末の王子の行為を通して、自然をいたずらに傷つけてはいけない、人間は謙虚な存在でなければいけないということを語っているようです。

「主人公は、自分の独自の道を追求していくことによって、他のひとびとを救うことになる。しかもべつに救うことを意図しないで救ってしまうことがたびたびある。あるいは自分のことは考えずに他のひとびとを救ってやる。――そしてまさにそのことによってじぶんの目標への道がひらけるのである。」(『ヨーロッパの昔話』マックス・リュティ)

末の王子は、それが結果としてどうなるかは知らず、目の前の問題に対処していっただけです。これはわたしたちの人生そのものです。わたしたちも日々の事々に対処しながら、人生を歩んでいくではありませんか。人生の中で今現在はどの位置にあるのかはわかりませんが、その時、どんな考えでどのように対処するかが大切なのだ。何事にも誠実であること、謙虚であることが良い結末を生むのだということをこのおはなしは語っているようです。わたし自身、どうにもならない人生の混迷の中にあるとき、昔ばなしのこのメッセージに気づいて、身が震える思いでした。

もちろん、子どもたちは、こういう理屈で昔ばなしを理解するわけではありません。しかしその実、人間はどう生きていくべきかを学んでいるのではないでしょうか。

昔ばなしのスイッチ

「むかしむかし、あるところに」と語り始めるとき、子どもたちは、今日は何のおはなしだろうと期待に満ちたまなざしを向けてきます。このことばは、現実の世界と非現実の世界を区切る境目。後に続く世界は、時代も場所も特定されず、主人公と周囲との関係もあまり語られませんが、聞き手は知らず知らずのうちにおはなしにはいりこんでいきます。昔ばなしの入り口は、知識や経験を積まなければ開けられない重い扉ではなく、誰もが軽々と飛び越えられる、ごく低い垣根のようなもので、聞き慣れていない子どもたちもおはなしの世界にはいってこられるのです。

さらに語っていくと、まだ気が散っていた子どもも、カチッとおはなしにはいってくる瞬間があります。

「かしこいモリー」の冒頭、「子どもがたくさんいて、みんなに食べさせることができなかったので、下の三人の女の子を森の中に捨てました」という部分。「十二のつきのおくりもの」では、『とっととおでかけ。すみれを見つけるまで、帰ってきちゃいけないよ』そして、女は、マルーシカをそとに追いだし、かぎをかけてしまいました」という部分。

子どもに一瞬にして危機を感じさせる文章です。昔ばなしはこんなさりげないことばで、聞き手を一気におはなしの中に引き入れてしまうのです。そこからは、先へ先へと話は進み、最後まで聞き手は主人公とともに旅をします。

昔ばなしは途中のしかけもうまくできています。「ミアッカどん」では、ミアッカどんが最初にトミーを家にさらってきたとき、やくみの草がなかったので、奥さんのサリーを呼びます。ここでサリーが出てこなければ、二回目にトミーが捕まったとき、ミアッカどんはサリーを探しに隣の部屋へ行くこともなく、トミーを逃がしてしまうこともなかったでしょう。いや、そもそも一回目になぜミアッカどんはサリーを行かせず、自分でやくみ草をとりに行ったのでしょう。このおはなしは、トミーとミアッカどんふたりの話に見えますが、サリーこそ、なくてはならない存在です。昔ばなしの構成は見事。素朴ながら、実は巧みにデザインされているのです。

「七羽のからす」で娘が指を切り落とす場面では、子どもたちは、はっと小指をおさえることがあります（なぜか、たいがい小指です）。その瞬間子どもたちは娘が兄たちを救うために大きな犠牲をはらったと感じます。指の痛みは心の痛みです。でも、すぐに「とびらはぱっとひらきました」と続き、その後に続く兄たちとの抱擁によって、指のことはすっかり忘れられてしまいます。そのとき重要な役割をなしたものも、用がすんだらあっさり置いていくのが昔ばなしです。

あるとき、ひとりの女の子が、終わってから、「指はどうなっちゃったの？」と聞いてきました。すると、他の子がさっといいました。「お兄さんたちの魔法がとけたら、指も治るにきまっててんじゃん」

おはなしでは何もいっていないことも子どもは自分なりの解釈で納得していくのです。

昔ばなしを子どもたちに

唱えことばも昔ばなしの特徴です。「アリョーヌシカとイワーヌシカ」で、ヤギに変えられた弟と川に沈んだ姉のあいだに交わされることば、「ガチョウ番の娘」が馬の首に語ることば、「ノロウエイの黒ウシ」で、牛が娘に語ることば、くりかえされる不思議なことばは、主人公のおかれた状況を聞き手に深く印象づけます。おはなしの筋は忘れてしまっても、唱えことばは耳に残って忘れられないという人も多いのではないでしょうか。昔ばなしは、語り手が伝えたい大切なことをちゃんと思い出せるような仕掛けをひそませているともいえるでしょう。唱えことばをきっかけに思い出すのは、その昔ばなしだけでなく、語りを聞いていた子ども時代のわくわくした気持ちです。

山深い宮崎県高千穂の中学校で、「十二のつきのおくりもの」を語った時のこと、マルーシカがすみれを摘みに森の中にはいっていく場面を語ると、森のイメージが子どもたちの顔にはっきりと浮かびあがりました。雪の多い新潟の小学校では、大雪のイメージがぱっと子どもたちの頭に浮かんでいる様子でした。生活の中に、昔ばなしの場面につながるものがあると、昔ばなしをより身近に感じることができるのです。その土地で語られた昔ばなしを聞く場合は、よりイメージしやすいでしょう。わたしの住む浦安のように人工的に埋め立てて造った土地に暮らす子どもたちには、語り手の中にはっきりとその昔ばなしの場面、（山、森、寺、神社、畑、田んぼなど）をイメージしておくことが必要だと思いました。できればそういう場所に行って、実際に五感にイメージを染み込ませると良いと思います。

子どもたちにおはなしを語ることで、教えられたことは数え切れないほどです。語り手のわたしを見る子どもの真剣な瞳に、いつも衿を正さずにはいられません。

失敗から学び、懲りずに語り続けましょう。「現代の私たちは伝承の途中にいるのであって、終点にいるのではない」(『改訂　昔話とは何か』小澤俊夫)のです。次の世代に、また次の世代に、おはなしの楽しさを伝えるために、目の前で聞いてくれる子どもたちに全力を尽くして。あなたも、わたしも。

◎実践編◎より良く語るために

8. 伝統芸能に学ぶ

◎実践編◎

日本語の「音」　狂言から

わたしは、語りを志す人たちに、機会があれば日本の伝統芸能を観に行くようにすすめています。その理由は、語り手たちに、「日本語」をよく語ってほしいからです。ロシアのおはなしもグリムのおはなしもわたしたちは日本語で語ります。狂言・能・浄瑠璃・落語など、何百年と継承されてきた日本語のプロの芸は、それぞれに節回しや発声も違いますが、日本語でいかに物語を伝えるか、表現するか、息の使い方、テンポ、間のとり方など、語りの参考になることがたくさんあります。

伝統芸能の方たちは、師匠から一対一で口伝で芸を仕込まれます。ほとんどが世襲ですから、幼いうちから師匠である父親や祖父の日常のもの言い、立ち居振る舞いを見て育ちます。師匠が認めなければ、人前には立てません。プロとして芸で収入を得、次の世代に継承していくためには、長く厳しい修業時代があり、わたしたちとは比べ物にならない覚悟があると思います。

狂言は対話を中心としたせりふ劇で、大がかりな舞台装置は用いず、ことばやしぐさによって全てを表現します。狂言の稽古では、謡《うたい》で声の出し方、呼吸の仕方を身につけ、調子や節回しを学びます。声は型と呼ばれる姿勢や動きと一体となり、独特の緊張感で狂言の世界を表現します。

狂言師、山本東次郎氏の『狂言のことだま』に、このせりふについて、ハッとさせられる文章がありました。「舞台科白として口跡、言葉づかいがハッキリしているのが良いからといっても、科白すべてがハッキリとたてば良いというものではない『「タチツテト』『ラリルレロ』『バビブベボ』等がその類で、これらの音はハッキリ発音すると、卑しく下品になってしまう」

タ行は舌を前歯の裏に押し当てて離して発音しますが、意外に強くいってしまいがちです。おはなしの中で、「〜した」「〜といった」という部分が目立つと次の文章への流れが悪くなります。

ラ行は丸めた舌を上あごに付けて発音します。「ラリルレロ」が日本人が不得意なのは、日本語の中にラ行の音少なかったせいだろうと思いますが、あまりはっきり発音すると、外国語のように聞こえ、違和感があります。

バ行などの濁音は「ばりばり」「ぎょろぎょろ」など、強い表現に使われることが多く、気をつけないとそこだけが浮いて聞こえることがあります。

わたしはそれまで、音を全てはっきり発音しなければいけないと思っていたのですが、文章という流れで聞く時は、消える音があったほうが良いことに気づかされました。

カ行の無声化、ガ行の鼻濁音は、近頃NHKのアナウンサーでもできていないことが多くなりました。カ行のKは一瞬で消えるように、ガ行のGは少し鼻にかけて発音するようにすると柔らかな音になります。関西ではカ行サ行をはっきり発音しますから、無声化するのは難しいかもしれませんが、「〜しはる」「〜や」など、語尾に柔らかな音があり、文章全体でバランスがとれていると思います。

TVドラマや現代劇の演出に関わってきた、鴨下信一さんは、『日本語の呼吸』で、日本語の音の豊かさと日本人の耳の鋭さをあげています。例えば日本人は、「日」と「火」を同じ音では発音しない、「日本語の特性は、音と音の間に無限に音が存在している。固定した音というものはない。音はいつでも音色という力を受けてその性質をかえている」と指摘しています。

日本語の音に敏感であることは耳を育てることにつながるでしょう。虫の声や風のさやぎに風情を感じる、日本人の繊細な耳が作った日本語の音色を壊さないよう、おはなしを語りたいと思います。

息を学ぶ　神楽・能

山深い宮崎県高千穂の夜神楽は十一月から二月の週末、各集落で舞われます。舞い手は集落の男性で、夜を徹して三十三番の神楽を舞います。神から土地を賜り、実りをもたらした神に、道具を与えた神に感謝して舞い続けます。朝日が登る頃、天の岩戸を取り払う、「戸取りの舞」が舞われると、恵みの太陽に感謝します。その独特のリズムと神に捧げる素朴な感謝の気持ちをこめた歌は、日本のことばの原点を感じさせます。

若者の舞手は力強く早く、ベテランの舞はゆったりと。足運び、手首の向きも細やかで、とても一般の人とは思えません。若手とベテランの舞の最も大きな違いは、腰の安定です。八十代の長老が小さな体で舞い始めた時、なんともいえぬ風格と風情を感じました。三間四方の空間にすっと足を踏み出した瞬間、小さい体はその空間を制し、大きくはない声がすうっと耳にはいってきました。

『呼吸入門』で、齋藤孝氏は、「息をどれだけ深く長く続けられるか、息と動きをどれだけ連動させることができるか、息の力はこの二点」に集約されると書いています。

吸って止める、吐きながら動く、という動きが目に見えるのは「書」です。新撰組副長土方歳三の書簡を見た時、文字のリズム、筆運びの自由さに驚きました。土方は天然理心流剣法の使い手だったそうですが、しっかり座った腰と柔らかい腕、自由で回転の良い頭がこのような文字を書かせたのではないかと思いました。北辰一刀流免許皆伝の坂本龍馬の書簡にもまた実に闊達でのびのびとした勢いを感じました。わたしは書の善し悪しはわかりませんが、このふたりの書から、筆運びは刀運びと同じ、息＝生きのリズムだと思うようになりました。

呼吸とは吸う吐くのくりかえしで、人間の基本的なリズムです。わらべうたも呼吸のリズムでといいます。呼吸法の基本は赤ちゃんの呼吸です。体の力を抜き、息が自然に体に吸い込まれ、吐きだされていく、その空気の流れを邪魔しない呼吸です。肩に力が入っていると息が滞り、胸が上下します。頭をからっぽにしてリラックスすると、呼吸に合わせて腹が上下するのがわかるでしょう。立った場合、臍下丹田《せいかたんでん》に息を流し込み、ためていくと中心線がぶれず、声が安定します。

高千穂の夜神楽には職業としての舞手はいませんが、集落の中で技が伝承されてきました。長老は、長年の仕事や生活で自然に身に付いた呼吸法と、声と動きで、見る者を圧倒したのです。

息と声はどう関係するのでしょうか。能楽師観世寿夫は、『能と狂言』でこう書いています。「すべての動きや発声のもとは呼吸である」。世阿弥の「『一調・二機・三声』とは、まず、謡い出すにあたって、自分の声の音域・音程・音力を心の中でしっかり摑まえておき、次に体中の全器官を謡い出すタイミングに合わせて準備し、その上で発声する、という教えである」。わたしたちの語りの参考になる考えだと思います。

間は魔

日本の伝統芸能は息の芸＝間の芸です。息をどこでつぐか、止めるか、また吸うか、この感覚は、ことばを使う時間芸術に必須のものです。間は魔。何分の一秒かの時間が語りの印象を決めます。

間の取り方が不適切だと、聞き手は混乱します。ゆっくり語ろうとするあまり、文と文のあいだに間を取りすぎると、聞き手はおはなしの先を聞きたいのに、じらされているような気がします。間が少なすぎても、聞き手は息がきれます。覚えたてのおはなしを忘れないうちに語ろうとしてか、間をおかずに語る方がいますが、聞いていて内容が頭にはいるより早く次のことばが出てくるので、聞き手は鈍行に乗ったつもりが、間違えて急行に乗ってしまったような焦りを感じます。どちらも聞き手の息を気遣わず、語り手中心に語った結果です。おはなしは、語り手と聞き手の息が合わないと成功しません。

おはなしの中で、間は場面の転換を意味することがあります。グリムの「七羽のからす」で、女の子がガラスの山の戸を開けたとき、「すると戸はうまくひらきました」というか、「すると、戸はうまくひらきました」というか、「すると、戸はうまく、ひらきました」というかでは、劇的な雰囲気が違ってきます。この部分は長い旅をしてきた女の子がようやく探し当てた兄たちの居場所で、しかもその戸を開けるために指を切り落として戸にはさむという犠牲をはらった場面です。戸が開くか開かないか、どきどきしながら聞いている聞き手には、劇的な展開の部分です。

ここで句読点の問題があります。わたしたちは国語の授業で、「、」は文中の区切りなので、読むときはいったん切る、と習ったのではないでしょうか。テキストのとおりに覚えようとしている語り手にとって、どうも覚えにくい、と苦労する原因がこの「、」であることがあります。それは、そのテキストの「、」の打ち方が自分の呼吸と合っていないからだと思います。

狂言師の野村萬斎さんは、現代劇に出演するとき、脚本の句読点を打ち直すそうです。声に出して読んでみて、自分の息に合ったように句読点を打つ。本職の狂言は、父の師匠から口伝で教わっているので、その間の取り方は体に染み込んでいるが、脚本の句読点は著者の息づかいで打たれているからとおっしゃっていました。

しかし、句読点にも、間の長さに違いがあります。鴨下信一さんの、『日本語の呼吸』には、「句読点には三つある」とあります。①息は止めるが吸わない「、」②息を止めて、ちょっと吸う「、、」③息を大きく吸う「、、、」。これを使うと、前述の、「すると戸はうまくひらきました」は、「すると、、戸はうまく、ひらきました、、、」となるでしょうか。この間の取り方なら、女の子の動作によって、戸が静かにすっとひらいたかんじが伝わるのではないでしょうか。間は情景の描写と語り手の心理まで映し出します。とはいっても、やりすぎは禁物です。「、、」ひとつは、一秒の半分くらいと考えてください。テキストを徹底的に読み、聞き手の息を感じることで、この感覚はつかめるでしょう。

間は、その場の聞き手の気持ちをひとつにして、物語を先へと導いていきます。クライマックスに向かって一旦止められた息は一気呵成にラストに向かっていきます。これがうまくいくと、その場の人の気持ちがすべておはなしの世界に集約され、聞き手と語り手とおはなしの三者によるすばらしい世界が広がります。間は語り手の表現に幅を加え奥行きを出す、なくてはならないファクターです。

タイミング　浪曲・落語

わたしの父はよく、ラジオで浪曲を聞いていました。子どものわたしは男の人がだみ声でうなる清水の次郎長など、最初はつまらないと思っていたのに、知らず知らず、森の石松の最後の場面などが目に浮かぶように語られているのに聞き入っていました。名人広沢虎造の間の取り方、ベベンベンベンと入る三味線のタイミング、時折客席の掛け声なども聞こえ、おもしろかったのを覚えています。

落語もラジオでよく聞いていました。あまり難しい内容はわかりませんでしたが、さわりからはいって、「しかし、なんでございますなあ」と、本題にはいるタイミング、登場人物の軽妙なやりとり、意外な結末、「おあとがよろしいようで」と結ぶと、まるで違う世界から帰ってきたように感じたものです。落語家が誰だったかは覚えていませんが、のちに寄席に行って直に聞いたり、ＴＶでも見たり、たくさんの噺家のネタを楽しみました。今でも飛行機に乗ると必ず落語のチャンネルを聞いています。

落語はたったひとりで高座にあがり、小道具も手ぬぐいと扇子くらいで、長い噺を語ります。長屋のおかみさんと亭主、大家さんと店子、武士と町人、そのやりとりは間の感覚を養ってくれました。日本語の美しさ（江戸弁ではありますが）を感じるのも落語の良さ、口跡がはっきりしてテンポよく繰り出されることばはタイミングの感覚を磨いてくれたと思います。

図書館のハンディキャップサービス担当として目の不自由な方に落語のテープを届けていたことがあります。ある方がテープについている解説書が読めないとおっしゃったので、わたしが解説書を吹き込んで持っていくことにしました。落語の時代背景、落語家自身についても調べ、テープを何度も聞いて吹き込みました。その方はわたしが聞いたことがなかった関西の落語家や亡くなった名人古今亭志ん生などがお好きだったので、いい勉強になりました。観客を爆笑させるには、一回息を止めさせておいて（間をおいて）、一気にブワッと吹き出させるのがコツだそうです。お客さんの息の吐きどころを心得て、語っていくのです。

人形浄瑠璃もときどき観に行きますが、正座した太夫さんの堂々とした武士の声、恋情を訴える娘の声、娘を気遣う母親の声など、独特の節回しのおもしろさにうなります。浄瑠璃は太夫さんと太棹三味線との掛け合いのタイミングが合わないと成立しません。まさにプロ同士の緊密な技の掛け合いです。

漫才もよく観ますが、ボケとツッコミのテンポが悪いと、ちっとも笑えません。上手いコンビは、観客がどこで乗ってくるかを感じながら、次のことばを繰りだしています。

おはなしのテキストには、楽譜のように、ここでクレッシェンド（だんだん大きく）、フェルマータ（たっぷりと）とか、四分休符で休むという指示はありません。語り手がテキストの内容を自分なりに解釈して表現しなくてはなりません。その感覚を養うためにも、日本の伝統芸能の間やタイミングの妙を、わたしたちの語りに生かしましょう。

9. 迷うこと・悩むこと

◎実践編◎

出会った時が始まり

以前山形県の遊佐町の講演会で、子どものころ身近な人に昔ばなしを聞いたことがあるかと問うと、半数以上の人が手をあげました。素晴らしい体験をされていて、たいへんうらやましく思いました。昔ばなしが身近にある環境で育った方は、自然に昔ばなしになじんでいます。わたしの家は両親とも東京出身、わたしも東京で生まれ育ち、家は核家族でしたので、小さい頃、親や祖父母から耳で昔ばなしを聞いた経験はありません。しかし、育った環境を変えることはできません。都市化、核家族化が進んだ現在、わたしのような人は多いのではないかと思います。

おはなしを耳から聞いて覚えた伝承の語り手はどんどん少なくなり、逆に図書館や文庫などでおはなしに出会い、その世界に魅せられて語り手になっていく人は増えていきます。こうした現代の語り手たちの多くは、わたしと同じようにテキストから昔ばなしを覚えて語っているでしょう。

元々昔ばなしは子どもだけでなく、大人も楽しむものでした。おはなしを愛する気持ちに子どもも大人もない、とわたしは思います。出会った時が始まり、感動した時が始まりです。感動したら、それを他の人に語りたくなるのは人間の道理。昔ばなしはこれまでもずっとそうして語り継がれてきたのですから。

日本の昔ばなし「的」なもの

昔ばなしを語るのにどうして洋服なのか、と聞かれたことがあります。昔ばなしは和服を着たおばあさんが囲炉裏端で語るもの、というイメージが強く残っているせいでしょう。

日本の昔ばなしは方言で語るものという考えも根強くあります。昔話集の多くも方言が使われています。しかしわたしは前述したように、東京で生まれ育ち、共通語（東京方言）しか話せませんので、本から覚えて語る時、いつも借り物のことばのような気がし、その土地の人が聞いたら気持ち悪いだろうなと思いながら語っていました。

『日本の昔話』全五巻（小澤俊夫再話　福音館書店）は、全国から三百一の話を集め、その土地独特の冒頭句や結末句、会話文の土地言葉は変えず、その他は共通語で再話してあります。あとがきには、「日本人共有の財産を共通語にすることにより、どの土地の人でも語れるようにした」とありました。方言で書かれた本に親しんできた人たちのなかには、共通語はかたい、情緒に欠ける、と思われた方もいたようです。しかし、わたしはこの本が出て初めて、自分にも日本の昔ばなしが語れるのではないかと思いました。

そもそも方言ということばは、教科書に載っている標準語に対して、地方の劣っていることばという感覚があります。ですから、わたしは土地言葉といいたいと思います。土地言葉は普段生活しているときに使っていることばで、地域によって、世代によって細かく違います。秋田県人全員が秋田弁と呼ばれることばを使っているわけではありません。しかし、それは今現在生きている人が子どもたちに聞かせていることばですから、土地言葉ができる方は、この本のおはなしを自分の土地言葉に直して語ればいいし、共通語しかできないわたしのような者は、そのまま語ればいいのです。

子どもたちには、聞きなれたことばが一番理解しやすいでしょう。わたしは以前図書館に、新潟魚沼の語り手の方をお招きしたことがあります。そのおばあさんはとても素敵な語り手で、わたしは感動して来ていただいたのですが、聞き手の子どもたちはおばあさんのことばがわからず、困った表情を浮かべました。小学校高学年の子は、なんとか理解しようと努力してくれましたが、それ以下の子どもは途中で飽きてしまいました。

その方が自分の本当のおばあさんだったら、子どもたちも「それどういう意味？」と聞いたでしょうし、おばあさんも子どもたちにわかるようなことばに少し直しながら語ってくれたでしょう。大人の聞き手は、「方言の語りでなんだか懐かしかった」、という方がほとんどでしたが、子どもたちはまずことばを理解することから始めなくてはならず、負担が大きかったのです。もちろんだからといって、このおはなし会が無駄だったとは思いません。おばあさんの語りには、人柄や背景がにじみ出ていて、そのゆったりとした雰囲気はとても心地良かったのですから。

でも、大人が思うほど、子どもたちは「日本の昔ばなしイコール方言で語ること」、とは思っていません。土地言葉ができなくても、その土地を知り、理解しようと努め、おはなしが語ることをよくイメージして語れば、子どもたちにおはなしを伝えることができるのではないか思います。

伝承の語り手は宝物

日本には数少なくなったとはいえ、伝承の語り手がいらっしゃいます。生前鈴木サツさんの語りを聞けたことは幸運でした。岩手県遠野までおはなしを伺いに行くと、サツさんは妹さんの家で出迎えてくれました。聞けば、体調を整えるために病院で点滴をして来られたとのこと。「おしらさま」などいくつものおはなしを語ってくださいました。「お月お星」で、お星がお月をたずねて山を登って行くと、道の両側に「ぽっつっ　ぽっつっ」とケシの花が咲いている風景が目に浮かびました。飾り気がなく静かな語り、えもいわれぬ深い感動を覚えました。まだ寒い二月で、帰りの雪道は凍っていましたが、胸は炭火のようにあたたかでした。

わたしは毎年ボランティアで新潟の小学校におはなしに伺っていますが、その晩、笠原甚威《じんい》さんのおはなしを聞くのを楽しみにしています。甚威さんは、お母さんも語り手で、昔話集も出ていますが、甚威さん本人は老人会に入るまで語ったことはなかったということです。でも、子どものころお母さんやおばあさんの語りを聞くのが好きで、「むかしっこしてけろ」とねだって語ってもらい、悲しい話ではいつも泣いていたということです。甚威さんのおはなしは素朴でやさしく、「おれなんか、はなし下手だから」と謙遜するお人柄そのままです。

「源五郎の太鼓」というおはなしは、貧しい源五郎さんがなけなしのお金をひとりの老人に恵み、かわりにもらった太鼓を叩くと、上の長者と下の長者の蔵からお米が飛んでくるというおはなしです。お米が飛んでくる「ひょっつんひょっつん」というリズムから、暗闇の中を白いお米が飛んでくる様子が浮かび、楽しくて何度でも聞きたくなります。

こうした伝承の語り手はまだ全国におられますが、マスメディアに取り上げられたり、地域おこしのイベントなどに駆り出されてしまうと、せっかくのシンプルな語りが崩れてしまうことがあり、残念です。昔ばなしと伝承の語り手はその土地の、いえ、人類全体の宝物です。おはなしの勉強をしている方は、その宝物を大切に守り伝えていってほしいと思います。

演出・演技・表情・声色

おはなしは、内容とその語りがよければ、それだけで十分に子どもを楽しませることができます。語り手がシンプルに語ることで、おはなしが聞き手の前に差し出され、聞き手の自由な想像が生まれます。

おはなしだけでは子どもは飽きてしまうのではないか、子どもを楽しませるためには演出があったほうがいいのではないか、と音楽や効果音を入れようとするのは、おはなしをあまり知らない人が考えがちです。

あるお母さんは、子どもの幼稚園の行事でおはなし会を企画し、「三びきの子ブタ」を語ろうとしました。ところが、ひとりのお父さんが張り切って、場面ごとの曲を作曲し、そのピアノ演奏のＣＤを使わなくてはならなくなりました。彼女は断りきれずに、その効果音とともに語りましたが、おおかみがこぶたの家にやってくるたびに、ピアノの低音が連打され、緊迫の場面を演出、子どもたちはその音が恐くてギュッと身を縮めて聞いていたそうです。そして最後、おおかみがこの世からいなくなって、子どもたちはほっとする場面ですが、ピアノはドラマチックに音階を上下し、「ガガーン」という大きな音で終わったのだそうです。子どもたちは、こぶたが幸せになったのかならなかったのか、とまどった表情だったということで、彼女はＣＤの使用をはっきり断れなかったことを強く後悔しました。このお父さんは、自分の作曲・演奏でおはなしを演出してしまったのです。善意の行為はなかなか断れないものですが、おはなしは演劇ではなく、非常にシンプルに語るからこそ子どもの想像力を育てるということを理解してもらうしかありません。年に一回の大きな行事ではなく、日ごろから定期的に少人数でやっているおはなし会を聞いてもらい、子どもたちの様子や雰囲気を知ってもらうしかないのではないかと思います。

これほど演出されたものでなく、BGMとして、バックに音楽を流してはどうかと提案されたとしたらどうでしょう。「三びきの子ブタ」の語りのバックに「イギリス民謡」のCDを流したらイギリスらしい雰囲気が出るのではないかといわれたら……。でも、それは本当に必要でしょうか。昔ばなしはことばから全てを想像する世界。耳からはいってくるものは、おはなしのことばだけにしたほうが集中できます。もし、そのおはなしが生まれた土地のことを紹介したいなら、おはなしが終わった後にしてはどうでしょうか。

子どもたちはことばからおはなしの世界を想像し、十分楽しむことができます。おはなしだけではだめと不安になるのは、大人の想像力が衰えているからです。子どもたちの力を信じましょう。

語り手が身振り手振りをすると、聞き手はそちらに目がいき、おはなしそのものから注意がそれてしまいます。楽器を使ったり、拍子木を打ったりしながらおはなしを語る語り芸もありますが、それは、プロの芸能です。衣装を着けたり、言い回しを大げさにしたり、演者自身の芸能として演じられます。しかし、わたしたちアマチュアの語り手がおはなしを子どもに届けたいという気持ちで語る時、語り手自身は黒子であることが求められます。

以前、『三びきのやぎのがらがらどん』の絵本を迫真の演技で読んでいたお母さんがいました。その方のお子さんもこのおはなしが大好きだったのですが、ある日、彼はいいました。「おかあさん、ぼくもう、その本いい」と。彼はおはなしより、お母さんの演技が怖くなってしまったのでした。こうなっては本末転倒です。

表情はおおげさにならないようにしますが、無表情では、聞き手はおかしい話も笑っていいのか悪いのかわからなくなってしまいます。語りの邪魔にならないように自然な表情で語ることです。

登場人物それぞれの声色を使い分けなければいけないと思っている人がいますが、そんなことはありません。ことさらくまはくまらしい大声にしなくても、語り手がくまをイメージして語れば、ねずみやかえるとはおのずと違ってくるでしょう。自然が一番です。

また、ふだんから控えめで大人しい語り手は、どの登場人物もやさしそうに語ってしまうことがあります。いじわるなまま母も素直な娘も同じように語っては、聞き手はどちらもいい人なのかと混乱します。あまり演劇的になりすぎるのは困りますが、セーブしすぎてもつまらなくなります。感情のない棒読みも味気ないものです。テキストから覚えた後は何度も語って、語り手の中から自然に出てきたことばのように語れるようにしましょう。せっかく覚えたのですから、聞き手とおはなしの楽しみを分かち合いましょう。

昔ばなしは抽象的な文学で、生々しい描写や詳細な描写をしません。語り手が身振りや表情や声色でそれを付け加えてしまっては、せっかくの昔ばなしの良さが損なわれてしまいます。

「語り手は、手のひらにメルヒェンをのせて、聞き手にさし出していながら、その時、それに触れてはならないのです。」(『〝グリムおばさん〟とよばれて』)とは、ドイツの語り手、シャルロッテ・ルジュモンさんのことばです。おはなしはそのおはなしのままに、語り手の余計な解釈や演出を付け加えず、そのまま聞き手に差し出すことです。

歌のあるおはなし

歌のあるおはなしは苦手、という方がいらっしゃいます。わたしは、「ヤギとライオン」「金色とさかのおんどり」「テイザン」など、歌がはいっているおはなしが好きでよく語ります。「テイザン」の出典、『魔法のオレンジの木』のように本に楽譜があるものはそのとおりに歌えばいいのですが、そのほかは自分でメロディを考えなければなりません。または、ほかの語り手の歌をまねしてみるのもいいでしょう。

気をつけなければいけないのは、おはなしが語られた国や地域らしいメロディをつけているかどうかです。日本の昔ばなしにロシア民謡風の節がついていたり、現代ポップスのリズムだと、聞き手はびっくりします。歌は印象がとても強いものです。歌がおはなしから飛び出してしまってはいけません。

以前、保育と人形の会の高田千鶴子先生、音楽家岡田京子さん、東京の図書館員たちで、絵本や昔ばなしの中の歌にメロディをつけようと試みました。その時わたしが選んだのは、スペインの昔ばなし「歌うふくろ」(『おはなしのろうそく6』)です。

このおはなしは、歌が重要な役割を果たします。お母さんからもらった大切な首飾りをなくした娘は、さらわれて袋に入れられますが、娘が袋の中で歌う身の上話を聞き、母親が機転を利かせて娘を救い出すというおはなしです。以前このおはなしを聞いたとき、その語り手が歌ったメロディはとても暗く、歌いにくそうでした。わたしは自分で違うメロディをつけようとしましたが、以前聞いたメロディが耳に残り、なかなかうまくいきませんでした。そこで、なんとか違うメロディをつけたいと考えたのです。

娘の歌う歌は三回それぞれ歌詞も長さも違い、同じメロディにのせるのはなかなか難しいことでした。わたしたちはまず、そのおはなしが語られたスペインの音階を学びました。そしてことばの意味がきちんと伝わるように、歌詞のアクセントを書き出し、音階にのせて楽譜を作っていきました。日本語のアクセントは強弱ではなく、高低です。これが逆になったり、ひと続きのことばがとぎれたりすると、無理な歌になります。そうして何度も歌ってみて不自然な箇所を直し、なんとかできあがりました。昔ばなしの中の歌は、歌だけが突出せず、語りの中に自然に存在しているように歌いたいものです。となると、その国のわらべうたや民謡の音階がふさわしいでしょう。国別の民謡のＣＤなどもありますから、聞いてみて雰囲気をつかむといいと思います。メロディをつけるのが難しければ、歌詞を読むだけでもいいでしょう。

それほど歌が重要ではないおはなしで、「うたうようにいいました」とあるだけなら、メロディはつけなくてもいいでしょう。

リズム

リズムは、文章の中のリズムと、おはなし全体のリズムがあります。文章の中では、間の取り方でリズムができますが、おはなし全体ではテンポよく進む箇所とゆっくり進む箇所があるか考えておかなければなりません。

『幼い子の文学』で、瀬田貞二さんは、「おばあさんとブタ」で、最後にネコがネズミをたべようとする後半のくだりを、「『石ばしる垂水の上の』というふうな感じで、一つの快いリズムがサァーっと流れていく」と表現されました。それは積み上げた積木がなだれ落ちる爽快感にも似て、ここでつっかえるとこのおはなしのおもしろさは半減どころではなくなります。

「ホットケーキ」(『おはなしのろうそく18』)のおはなしは、鍋から飛び出したホットケーキがころころと転がり出してからテンポが速くなりますが、出会ったものとの会話もリズム良くしないとホットケーキがつまづいたように聞こえてしまいます。「スヌークスさん一家」(『おはなしのろうそく2』)では、ろうそくを吹き消そうとしても吹き消せないおかしさを表現するのに、あまり早くても理解できないし、のんびりしすぎてもおはなしが前に進んでいきません。アイヌの昔ばなし「すずめの恩返し」(『日本の昔話4』)はひとり語りですが、最初の「わたしは神の国で姉に育てられた一羽のすずめです」という部分はゆっくりと語らないと、ひとり語りの大前提が理解してもらえません。おはなしの設定や構成を考え、聞き手の立場に立って語りましょう。

なくて七癖

自分の癖は自分では気づかないものです。おはなしの仲間に聞いてもらったり、自分の語りを録音して聞いてみるのも良い方法です。Kさんは語尾を伸ばすくせがありました。「それから」が「それからー」、「いきました」が「いきましたー」になっていました。この「ー」は時間にすれば一、二秒なのですが、文章、文節のリズムが間延びし、全体も間延びしてしまいます。指摘すると、「自分ではー、気づきませんでしたー」と答えたので、普段の口調もそうなんだ、とふたりで笑ってしまいました。話し方は人それぞれ癖があり、それがひとつの個性になります。けれども、子どもたちにおはなしを語る時には、そのおはなしのリズムをこわさないようにしたほうがいいでしょう。

語尾が消えるのもよくある癖です。自信がないように聞こえ、ことばの印象が薄くなって残念です。語尾を下げる癖がある人は、何を語っても悲しい話に聞こえてしまいます。逆に語尾が上がる癖の人は、悲しい話も楽しく聞こえて、聞き手が混乱してしまいます。

わたしにも「うねる」癖があり、指摘されて気づきました。自信がないおはなしをなんとか聞かせようとするときにおこる癖でした。ひと続きの文章は頭にアクセントをおき、続けて語りましょう。不必要なうねりがあると聞きにくくなります。

体の癖では、頭を振る癖、一方向ばかり見る癖、机や椅子に手をつく癖、体を揺らす癖、体を傾ける癖、つばをのむ癖、手をもむ癖などいろいろあります。ほとんどの場合、気にならない程度の癖ですが、その癖が気になって聞き手がおはなしに集中できなかったなどということがないように、仲間で指摘しあって直せるものは直しましょう。

万が一おはなしを忘れてしまったり、言い間違えてしまった時は、照れ隠しに笑ったり、「すみません」と謝ったりせずに、なんとかことばをつないで、最後まで語りましょう。聞き手の子どもたちは、謝りのことばより、おはなしの続きを聞きたいのです。

おはなしが終わったら、一、二分間、少し間をおいて、おはなしの余韻を楽しむようにしましょう。聞き手の心に波打っている感動が収まるまで待ってください。早く逃げ出したいと思っても、少しこらえましょう。そして、ゆっくりろうそくを消して、本の紹介に移りましょう。

10.
語り手たちにすすめること

◎実践編◎

おはなしの背景を知る

わたしたちは、世界中いろいろな国や地域のおはなしをテキストで覚えて語ります。語り手の頭の中にそのおはなしの背景がイメージできていると、聞き手もより鮮明におはなしを想像することができます。日本の昔ばなしのほうがよくわかるという方が多いのは、おはなしの中の人物の考え方、感じ方が理解しやすいということと、風景が想像しやすいということも要因だろうと思います。

外国のおはなしも日本のおはなしも、命や愛や勇気といったものを大切にする気持ちは同じだと思いますが、舞台となるその土地の風土や風景を知っておくことは、よりおはなしの理解につながると思います。

たとえば、「まめじかカンチルが穴に落ちる話」(『おはなしのろうそく8』)のまめじかはどんな動物か？　背の高さは？　色は？　ほかにまめじかが出てくるおはなしはあるか？「小石投げの名人タオ・カム」(『子どもに語るアジアの昔話2』)に出てくるバニヤンの木とはどんな木で、タオ・カムが石をぶつけた葉っぱはどんな葉っぱなのか。「赤鬼エティン」に出てくるバリガンとはどういう土地なのかなどなど。

できればその土地に行き、そのものに触れて、五感にイメージを染み込ませると良いと思いますが、なかなか行けない場所もあります。

わたしは、「太陽の東月の西」（『太陽の東月の西』）を覚えるにあたって、このおはなしの生まれたノルウェーの風土を知りたいと思いました。大きな写真集にあった険しい岩の連なるフィヨルドの冬の風景、針葉樹の暗い森の写真は、このおはなしの中で娘がする長い長い旅のつらさを理解する助けになりました。また、アイヌの昔ばなし「すずめの恩返し」に出てくる「キケウシパスイ」や「イナウ」という祭具はどういうものか知りたくて、実物を見に北海道の博物館にも行きました。

こうした確認は、語り手のイメージを明確にするだけでなく、子どもたちからの質問への回答にもなります。

「イナウ」ってなに？　という質問には、「木を削って神様にささげるもの」と簡単に答えられますし、もっと興味を持った子には博物館で買った写真集を見せることもできます。

今はインターネットで世界中の博物館の資料を見ることができますし、図書館の本で調べることもできます。その国から来日している人に尋ねる方法もあります。おはなしの生まれた土地に敬意を払い、子どもたちに伝えていくという意味でも、おはなしの生まれた風土を知ることは大切です。おはなしの背景を知ると、ただ文章だけだったおはなしが立体的に浮かび上がってきて、さらにそのおはなしが好きになるでしょう。

再話を比較する 「おおかみと七ひきのこやぎ」

テキストを選ぶ時は、同じおはなしでも違う再話のものを探してみて下さい。語ってみて語りやすいほうを選ぶほうが良いと思いますが、文章でも比較してみましょう。「おおかみと七ひきのこやぎ」は、残酷だからという理由で結末が変えられることも、くりかえしが省略されることもあまりないおはなしです。たくさんの絵本が出版され、昔話集にもはいっていますが、こんな再話はどうでしょうか。

パターン①

むかし、あるところに、お母さんやぎがすんでいました。

お母さんやぎには、七ひきの子やぎがありました。お母さんやぎは子どもたちをとてもかわいがっていました。

ある日のこと、お母さんやぎは、森の中へ食べ物をさがしに行くことになったので、子どもたちをみんなよびあつめていいました。

「お母さんは食べ物をさがしに出かけますからね。みんな、おおかみに気をつけるんですよ。けっしてうちの中に入れてはいけません。おおかみを一度でもうちの中に入れると、おまえたちみんな食べられてしまいますよ。おおかみはよく姿をかえるから気をつけるんですよ。でも、声はがらがらしているし、前足は黒いから、おまえたち、すぐにおおかみだと気がつくわね」

子どもたちは、

「ぼくたち、気をつけるよ。心配しないでだいじょうぶだよ」といいました。お母さんやぎは安心して出かけました。

お母さんやぎが出かけると、まもなくほんとうに、おおかみが戸口の外にあらわれて、がらがらした声でさけびました。

「子どもたち、ドアをあけなさい。おまえたちのお母さんだよ。おいしいものを持ってきてやったよ」

けれども七ひきの子やぎは、

「おまえなんか、母さんじゃない。母さんはもっときれいなやさしい声をしてるよ。おまえの声はがらがらじゃないか。おまえはおおかみだ。ドアなんかあけてやるもんか」といいました。

そこでおおかみは、小間物屋へ行って、石灰のかたまりをひとつ買い、それを食べて声をきれいにしました。それからまた七ひきの子やぎの家の戸口へもどってきて、きれいな声でいいました。（六四九字）

パターン②

出かける前、おかあさんやぎは七ひきのこやぎにいいました。

「おおかみにきをつけるのよ。しゃがれたこえでくろいあしだったら、おおかみだからドアをあけてはだめよ」

七ひきのこやぎたちは、

「わかったよ。おかあさんいってらっしゃい」

しばらくして、とんとんとんとだれかがドアをたたきました。

「おかあさんよ。ドアをあけておくれ。おみやげがあるわよ」と、しゃがれたこえがしました。

こやぎたちはいいました。

「あけないよ。おかあさんはきれいな声だよ。しゃがれた声のおまえはおおかみだろう」

「ちぇっ、しまった」

おおかみはざっかやにいって、チョークを一ぽんかいました。

チョークをたべておおかみは声をきれいにしました。

おおかみはおおいそぎで、またやぎのうちへいきました。（三二三字）

パターン③

むかしあるところに、かわいい七ひきのこやぎとおかあさんやぎがいましたよ。

あるとき、おかあさんやぎはでかけるまえに、こどもたちにこういいましたよ。

「いい子でおるすばんをしていてね。だれがきても、ドアをあけてはだめですよ。おおかみさんは、こわいやつ。でも、しわがれ声とまっくろな足をしているから、すぐにわかるわよ」

「うん、おるすばんできるよ、おかあさん。おみやげたくさんまってるよ」

すると、おおかみさんがやってきてドアをたたきました。

とんとんとんとん
「おかあさんよ。ドアをあけてちょうだい」

「わーい、おかあさんだ」と一ばんめのこやぎがドアをあけようとしました。

「ちょっと、まって」と二ばんめのこやぎがいいました。

「あの声はしわがれ声だよ。おかあさんの声じゃないよ」と、三ばんめのこやぎもいいました。

「そうだ。しわがれ声だ」と、四ばんめ。

「きっと、おおかみさんだよ」と、五ばんめ。

「おかあさんなら、やさしい声だよ」と、六ばんめ。

「そうだ。きっとおおかみさんだ」

七ばんめもさんせいしました。

そこで、みんなでいいました。

「あけないよ。おまえはきっとおおかみさんだよ」

「けっ、ちくしょう。ばれちまったか。おかあさんはやさしい声だって？　声をかえるにはどうしたらいいんだ？」おおかみさんはかんがえましたがわかりません。

おおかみさんは村へ。そして、会ったひとにききました。

「おい、声をかえるにはどうすればいいんだ？」

すると、その人はいいました。

「そんなことはしらないね」

おおかみさんがまた、あるいていくと、ざっかやがありました。

「おい、ざっかやさんや。声をきれいにするにはどうしたらいいんだ？」

すると、ざっかやはいいました。

「それなら、チョークをのむといいですよ」

「よし、それをくれ」

おおかみさんは、チョークをのんでみました。そして、声をだしてみると、「うーん。

こりゃあいい声。これならこやぎをだませるぞ」

おおかみさんはまた、こやぎのいえにいったんだって。（八二六字）

①②③は同じ「おおかみと七ひきのこやぎ」の冒頭の部分です。①は『語るためのグリム童話１』の文章で、②と③はわたしが作りました。

②は①に比べると随分短いと思われるでしょうが、実際絵本によくあるパターンです。どこを省略しているのでしょうか。まずいきなり、「おかあさんやぎは七ひきのこやぎにいいました」と、おかあさんやぎとこやぎたちという登場人物の紹介や、なぜ出かけるのかという前提を飛ばしています。起承転結の起を飛ばして一足飛びに承にはいってしまうので、聞き手はなんだかよくわからないままストーリーにのせられる形になります。しかし、この部分は聞き手をおはなしのレールにのせる大切な部分ですから、省略してはいけません。特によくカットされてしまうのは、「お母さんやぎは子どもたちをとてもかわいがっていました」という一文です。この文はとても大切です。幼い子どもたちはこの一文でおかあさんやぎとこやぎに共感して、すっとおはなしにはいっていきます。この場面は愛情に満ちた親子関係を語っていて、のちに子どもが皆おおかみに食べられてしまったと知ったおかあさんやぎが嘆き悲しむ場面につながってきます。子どもにとっては親子の愛がたち切られた悲しみと怒りが胸を打ち、最後の逆転に大喜びする土台となります。

さらに、お母さんやぎが森に行く理由です。食べ物をさがしにいくということばが、②③では省略され、理由がわかりません。昔ばなしの主人公は理由もなく出かけていくことはありません。「食べるものがないから」「大切なもの(人)をさがしに」などの、やむにやまれぬ事情があり、聞き手に納得のいく形で動いていきます。とくに、食べるために=生きるために、という理由は「三びきのこぶた」「三びきのやぎのがらがらどん」と同じで、幼い子にも実感できる理由です。おおかみの「ちぇっ、ばれたか」という表現も、首をかしげます。これについては次項で詳しく述べます。

③は会話が多く冗長な印象です。①が簡潔な表現で先へ先へと聞き手を運んでいくのに対し、こやぎ同士の会話が長く、耳で聞いているとおおかみの存在を忘れそうになります。悪いおおかみを「おおかみさん」と呼んだり、おおかみが「ざっかやさん」といったり、こやぎがおみやげをねだったり、無理に上品な再話にしようとするあまりおかしな表現になっています。子ども向けの劇の脚本などで全員に役をふるためにセリフをふやすとこうなります。語るにふさわしい再話とはいえないと思います。

再話の問題　会話の役割

　おはなしの中の会話や人物のことば使いは、その人の人格や背景を把握させる重要な役割を果たします。美しいおひめさまが、「がっかりしちゃう」といったり、「きゃっきゃっ」と笑ったりしては町の娘と同じになってしまいますし、貧しいきこりが、「わたしもそう思うぞ」などといったら、聞き手はびっくりして、きこりは実は王様だったのかと勘違いしそうです。「おおかみと七ひきのこやぎ」で考えると、おおかみがこやぎに正体を見破られた時、「ちぇっ、ばれたか」とか「けっ、ちくしょう」といったら、そのおおかみはひまをもてあました若いチンピラというイメージになります。聞き手は一気に、あまり治安の良くない街角に立っているように感じるでしょう。よく巷で使われている流行語やののしりことばなどをいれるのはおはなしの品をなくします。だからといって、「これは困ったことになった」といったら、冷静で思慮深いおおかみになってしまいます。このおはなしのおおかみはこやぎたちを襲いに来る怖い存在であり、かつ、こやぎ六ぴきを食べた後、外で昼寝をしてしまう間抜けな一面もあります。このおおかみの口から出てくることばは、「しまった」ではないでしょうか。その後の味付けは、語り方でおおかみらしさを出せばいいと思います。

おはなしの登場人物にはその役割にふさわしい会話があります。地の文はおはなしの筋を進めていく骨の役割、会話はそれを肉づける役割と言い換えてもいいのではないでしょうか。好きなおはなしが見つかったら、声に出して読んで耳で聞いてみましょう。目で読んだだけではわからなかった再話の問題が見つかりやすくなります。

再話の問題　ひっかかる表現

語りを耳で聞いていると、ときどきひっかかる表現に気づくことがあります。とくに「おや」、と思うのは創作的な再話です。

「この後の計画について熟慮しました」などと会議の報告書のような表現は聞き手をいきなり現実に引き戻してしまいます。

娘の死を悲しんでいた母親が、「夕立がいつのまにか上がっているように、いつしか娘を忘れた」とあると、娘の立場で聞いていた聞き手は、その程度の愛情だったのかと母親に失望してしまうでしょう。わかりやすさのために感情の変化を身近な現象に例えたとはいえ、重い事件を扱うには不釣り合いな軽さに思えます。

「あたたかい春の雨のようにしみこんだ」という表現も、春の雨がしとしとと降ることを知っている大人にしか理解できない創作的な表現です。「青く白く光る星ぼしのまたたきが目にしみた」と形容詞を重ねると、回りくどくなります。「さわさわとゆれる草のかげにそうっとたちあがるものがいました」など、擬態語や擬音語を多用すると、文字で読むときは情景描写が豊かに感じても、耳で聞くとうるさく感じます。

おはなしは筋を進めることが大切。余計な装飾は幹を忘れさせ、枝葉に関心をそらせてしまいます。聞いていて違和感がなく、誰にでもすっと理解できること、そして、いったんおはなしの世界にはいったら最後までその世界を保つことが大切です。

再話力をつける

おはなしを語る時、テキストどおりでは語りにくいと感じることがあります。かといって、勝手に変えてしまうのはすすめられません。とくにおはなしの経験があまりない時は、良い再話のテキストを探し、間違えずに覚えていくほうが良いと思います（3.参照）。しかし、ある程度経験を積んだ語り手は、再話を勉強することで、さらに良い語りができるようになると思います。

忘れてはならないのは、昔ばなしの基本的な語り口を崩さないこと、地域の特性などを壊さないことです。

昔ばなしでは、主人公が鬼や小人に出会っても驚かずにことばをかわしたり、タイミングよく何かに出会ったり、時間に間に合ったりしてうまく事が運ぶということがあります。また、似た場面がしばしば三回くりかえされます。これらは、昔ばなしの昔ばなしらしさを形作る文法といわれるものです。ですから、再話をする際に鬼に出会って大げさに驚く場面を付け加えたり、三回のくりかえしを二回に省略したりしては昔ばなしらしさがなくなってしまいます。

語り手として気になるのは、同じ場面のくりかえしが少しずつ違うことばで語られていたり、まわりくどい表現、形容詞の多すぎる表現です。また、とくに子どもたちに語る経験を積むと、主人公が「女の子」「娘」「嫁」など違うことばで表現されていると混乱してしまうということもわかり、直したくなるでしょう。再話をする際には、現在の聞き手にわかりやすく、かつその昔ばなし本来の持ち味を損なわないよう、丁寧に行う必要があります。文章を直しては声に出して読み、耳で確かめるという作業は欠かせません。

今の子どもたちにわかりにくいことばを直すということもあります。もちろん、なんでも直していいわけではありません。少しわからないことばも、子どもはそのまま聞いていて後で理解するということはままあることです。「かまど」を「炊飯器」に直す人はいないでしょうが、「苧を績む」は、「麻をつむぐ」に直したほうが良いと思います。

再話を学ぶには

昔ばなし大学は基礎コースが終わると、再話コースができますが、おはなしを語る方はできれば再話について学んでほしいと思います。再話の勉強は語りにもおおいに役立つからです。

再話コースではテキストを直す時に気をつけなければならない、昔ばなしの文法を考え、元の形を壊さずに、語りやすくことばを整える方法を学びます。再話コースを終え、再話研究会ができると、数人ずつのグループに分かれ、再話したい=語りたいおはなしを探して検討し、再話します。それを勉強会に持ち寄り、原話(元のテキスト)と再話を読み比べて、他グループの人たちの意見を聞き、直します。その後、小澤先生(または指導者)をお呼びしての研修会にかけ、問題点の指摘を受けたり、他グループの意見を聞いてまた直し、最終的に耳で確認して修正し、完成原稿となります。この間、子どもたちに語ってみたり、再話研究会内で語ってみるということもくりかえし行います。最初のうちはきれいに直しすぎたり、説明的な部分を直そうとするあまりそっけなくなりすぎたり、完成するまでに何年もかかったものもありましたが、長い期間ひとつの話に向き合うことで、そのおはなしが自分のものになっていくのがわかります。

いろいろ考えて直した挙句、結局原話に近い形に戻ることもあります。複数の人間で検討する以上、ときに意見が対立する時もありますが、最終的には再話したいと思った人の意見が優先されるのも良いところだと思います。再話したおはなしは自分の息のリズムに合っていますから、自然に語れます。こういった勉強を続けていくと、他のおはなしを聞いた時も、再話の問題を見つけやすくなります。

再話は本来、耳から聞いた昔ばなしを文字に起こすところから始まるものですが、すでに文字に起こされたものを語りやすく再話していくことが多いでしょう。近年でも、町の教育委員会がお年寄りから聞き取った昔話集や、昔ばなしに興味を持った人が集めた小冊子などに、伝承の語りに近い、良い昔ばなしが見つかることがあり、各地の再話研究会の人たちが再話に取り組んでいます。こうした活動は、その土地の宝物を発掘したと同じで、たいへん価値のあることだと思います。世界中でおそらく日本だけの活動でしょう。できることなら、その土地のことばがわかる人たちが再話し、現代の子どもたちに伝えていってほしいと思います。

再話には終わりがありません。昔ばなしは語り続けるうちにさらに磨かれていくものです。伝承の語り手たちも聞き手に合わせて少しずつことばを変えたり、再話をしていたのではないかと思います。そうであれば、現代の語り手であるわたしたちも語り手としての経験を生かして、再話をすることができるでしょう。再話は語り手が語り手として育つために大切な経験です。そしてまた、次の世代のために良い再話を残していくことは現代の語り手の責任でもあるのではないでしょうか。

11. 図書館をおはなしの場に

◎実践編◎

図書館のおはなし

今でこそ、図書館におはなしのへややコーナーがあり、おはなし会が開かれているのはあたりまえになりましたが、以前はそうではありませんでした。一九六〇年代まで、公共図書館といえば、一部の研究者や本好きな大人が静かに本を読むところ、学生が勉強するところ、という考え方が主流でした。子どもが走りこんでこようものなら、恐い図書館員にシッと叱られる、という具合でした。

しかし、日本の図書館サービスは、一九七〇年代に大きく変わりました。赤ちゃんからお年寄りまで、すべての市民が利用できるサービスを展開するようになったのです。日本図書館協会がまとめた、通称『中小レポート』は、中小の都市の図書館こそ図書館サービスの前線であり、それまで図書館が主なサービス対象と考えていなかった子どもと母親に、本を提供することを強く唱っていました。その理念は東京都日野市で実践されました。日野市では、図書館を建設してからサービスを始めるという従来の常識を覆し、自動車図書館に本を積んで市民の集う配本所へ届け、そこで貸出をすることで爆発的な利用を掘り起こしました。子どもたちは本を読む楽しみを得ると次々に本を借り、母親たちからも身近な場所で豊富な本を借りることができると喜ばれました。日野市の成功は『市民の図書館』にまとめられ、全国の図書館の目標となりました。『市民の図書館』には「将来の読者は児童期における読書によってつくられる」と書かれ、児童サービスの充実は、子ども時代の読書習慣を培うために不可欠であると考えられるようになりました。

市民のための図書館サービスという考え方は、米国の図書館サービスに大きく影響を受けています。市民ひとりひとりが自分の頭で考え、判断するためには、市民が誰でも利用することができる知識の宝庫＝図書館が不可欠である、図書館は民主主義の土台であるという考え方です。公共図書館の児童サービスの中に「おはなし会」が加わるようになったのも、米国の図書館サービスを学びに留学した方たちによるものです。おはなしを耳から聞くことで、子どもの想像力は広がり、ひいては本を読む力も身に付くという考え方です。

わたしは小学校二年生のとき、家の近くに区立図書館ができ、よく本を借りに行きました。ある時、誰でも参加できるクリスマス会があると知り、行ってみると、図書館員の人が人形劇や映画を上演していました。図書館の人は本を貸してくれるだけでなく、こんなこともしてくれるんだとびっくりしました。今思い返せば、これは『市民の図書館』に書かれている、「徹底して児童にサービスすること」の一環だったのです。しかし、その図書館では当時「おはなし会」はなく、子ども時代におはなしを聞く機会がなかったのは残念です。それだけに、今、多くの図書館でおはなし会が開かれているのを嬉しく思います。

Tくんの夏休み

ある夏の朝、開館前の児童室に行くと、ガラス戸をがんがんたたく兄弟がいました。開館時間まで待つようにいって書架整理をしていると、いつのまにか後ろに立っています。植え込みを踏み越え、開いていた窓からはいってきていたのです。小一のAくんと兄で小三のTくんです。追いかけっこをするふたりをいったん外に出して、開館時間を迎えました。ふたりは本を読むでも借りるでもなく、本を返しに来た子にまとわりついたり、女の子の髪の毛をひっぱったり、書架の上に登ったりしてさわぎます。彼らをなんとか落ち着かせようと本を読んであげると、そのあいだだけは静かに聞いています。

おはなし会に誘うと、誰よりも良く聞いていて、ごそごそする子がいると、「ちゃんと聞けよ」と注意するほどでした。そのうち、Tくんは三年生ですが、あまり読み書きができないことがわかりました。でも、字が読めなくても、耳からおはなしを楽しむことができ、おはなしが好きだということがわかったのは嬉しいことでした。Tくんが読んでほしいと持ってくる本の中にはいつも、『ももたろう』（赤羽末吉絵）が、Aくんは『さんまいのおふだ』（梶山俊夫絵）がはいっていました。その夏中、一体何回この本を読んだことでしょうか。

二学期になり、隣の小学校におはなしに行くと、昇降口にAくんとTくんが離れて立たされていました。たぶん、授業中さわいで教室から出されたのでしょう。ちょうど三年生の授業でのおはなし会だったので、教室に行くと、後からTくんが先生に連れられてはいってきました。わたしの顔を見るなり、Tくんは目を丸くして叫びました。「伊藤さん、ぼくのこと覚えてた？」わたしは吹き出しそうになりました。毎日本を読んだ子を忘れるはずはありませんが、子どもは知っている人にいつもと違う場所で会うと、びっくりするようです。

この日のおはなし会は、Tくんが一番集中して、おもしろいところでは笑い、静かに聞くところではしんと聞いていました。授業が終わった後、後ろから担任の先生が来て、「Tくん、おはなしが好きなんだねえ」と感心すると、彼は照れて真っ赤になりました。廊下に出ると、心配して廊下から見ていた教頭先生がおっしゃいました。「家庭の事情で勉強が遅れていて、四五分の授業時間ももたず、いつも騒いでしまう子だったけれど、今日はよく聞いていて驚きました。この夏休みは図書館がオアシスだったみたいです。これからもよろしくお願いします」と。「ええ、もちろん。Tくんは本やおはなしが大好きですよ」とわたしが答えたのはいうまでもありません。図書館が彼の居場所になって良かったと思いました。

その後、高学年になってからはあまり図書館に来なくなりましたが、ある年の夏休み、絵本コーナーのベンチに、大きな後ろ姿がふたつ並んでいました。中学生になったAくんとTくんでした。ふたりのあいだには小さな女の子が座っています。そういえばあの年の夏、家に赤ちゃんが生まれて、お母さんは忙しいんだといっていたことを思い出し、ふたりの妹だとわかりました。でも、何をしているのかとのぞくと、なんとTくんが、妹に『ももたろう』を読んでやっているではありませんか。わたしは思わず、「へえ、Tくん、字が読めるようになったんだね」と思ってしまいましたが、同時に、優れた子どもの本が長く読み継がれていく理由がわかったのです。

自分の好きな本を自分の大事な人に伝えたい、そんな純粋な気持ちから、Tくんは妹に絵本を読んでいました。きっと彼は、自分が親になったら子どもに、おじいさんになったら孫に、『ももたろう』を読んであげるでしょう。こうして世代を越え、本やおはなしは長い鎖のように人から人へ伝わっていくのです。それも、ただこの本おもしろいよと紹介するより、声を出して読んであげるほうがどんなに気持ちが伝わるでしょうか。聞き手の子どもは、読み手の声と気持ちをおはなしと一緒に受け止めています。わたしたち大人は、その子のある一時期に本を読んでいるつもりでも、子どもの心に残った本の感動は、一生子どもの心に生き続けるのです。あだやおろそかに本を選んではいけない、とわたしは肝に銘じました。

この本が昔ばなしだったことも偶然ではないでしょう。勉強についていけなかったり、騒いで先生に叱られたり、彼の学校生活は難しいことがいろいろあったでしょう。五年前、Tくんはももたろうに自分を重ね、鬼に勝って帰ってくる場面では、自分が旅から帰ってきたように満足そうにしていました。昔ばなしの主人公が困難を乗り越えて幸せになる結末は、彼に勇気を与えたに違いないと思います。わたしはももたろうのおはなしを語りませんが、この絵本があって良かったと思いました。彼は目と耳からおはなしを楽しみ、自分で字が読めるようになった時、妹に読んであげることができたのです。

フロアワークを大切に

わたしは子どもの頃(今でも)人見知りで、知らない人と話すのが苦手でした。近所の図書館に行ってもカウンターの人と話すことはなく、話しかけられないようにそっと本を返し、借りていました。ですから、図書館に来た子に、「こんにちは」とあいさつをしても、あまりなれなれしく話しかけることはありません。でも、フロアの子どもの様子を見て、本選びに迷っていそうだったら、「何か探しているのある?」「この本がおもしろかったよ」と声をかけたり、手持ち無沙汰にしている子がいたら、本を読んであげます。でも、「本読んであげようか?」では、たいていの子は遠慮してしまいます。「わたし、この本を読みたいんだけど、聞いてくれる?」と、「読ませてもらう」立場でいうと、だいたいの子が付き合ってくれます。

子どもたちは、大人が気づかないようなところを見ていたり、息をのんだり、反応を返してくるので、とても教えられます。いつのまにか他の子も一緒に聞いていたり、違う本も読んでほしいと持って来たりすることもありますし、何より、図書館の人は本を読んでくれると知ると、その時は遠巻きに見ているだけだった子が、次の時は積極的に本を読んでといってきます。そこから、おはなし会に来るようになったり、調べ物の相談をしに来たりします。フロアワークは子どもと図書館員をつなぐ最も大切な仕事だと思います。

おはなしを図書館サービスに活かす

図書館なのになぜ本を使わずにおはなしをするのかと聞かれることがあります。私はそんな時「おはなしは本を介さない物語体験なのですよ」と答えます。物語は本に書かれるよりずっと前から、口で語られてきたのです。ですから、子どもたちがおはなしを聞く時に見せる反応は、子どもの文学に何が必要かを教えてくれます。図書館の本を購入する際に、新しい本の選び方がわからないと悩む図書館員は多いのですが、子どもたちには、新刊書かどうかは関係ありません。古い本ばかりで良いとはいいませんが、子どもたちは長く読み継がれてきた絵本をくりかえし楽しみます。図書館員はそうした本を子どもたちに読み、子どもは本のどこに反応しているのかを学んで、選書に生かしていけば良いのです。その時気をつけなければいけないのは、すぐに返ってくる反応ばかりではなく、心の中に起こる感動があるということです。何年もたってから、昔聞いたおはなしの本を探しに来たり、あの絵本をもう一度見たいと来る子がいます。子どもの反応にあまり一喜一憂せず、中長期的に考えることも大切です。

何より、図書館でおはなしをすれば、赤ちゃんから中学生くらいまで、そして子どもの母親や父親の反応から、どんなおはなしや本がどう楽しまれるか、年齢別に確かめられます。それを選書だけではなく、本の展示、ブックリスト、大人のための読み聞かせ講座など、他の図書館サービスにも生かすことができます。

「朝読書に読む本がほしい、でも厚い本じゃなきゃだめだってお母さんがいう」と、子どもから相談されたことがあります。小学校二、三年くらいの年齢の子は、耳で聞けば長いおはなしも聞けますが、自分では絵本や幼年童話などを読む読書力しかないのはあたりまえです。でも、大人はなるべく早く、厚くて固い表紙の本を読ませようとします。わたしはこんな時こそ、昔話集の出番だと思っています。

『山の上の火』(クーランダー/レスロー)などの昔話集は、絵本や幼年童話を卒業しかけている子どもたちにすすめられます。わたしはこの本に収められたゆかいな一五話のうちのひとつを語ったり、読んだりして紹介します。昔ばなしは子どもの文学の源、短くても起承転結があり、一話読んだ後に達成感が残ります。まだ長い物語を読む力はない子どもでも、おもしろければ、次のおはなしを読む意欲がわきます。わたしが小学校一年生のときに読んだ初めての固い本も、日本の民話集でした。本を読むのはおもしろいと思い、自分は本を読めるという自信をつけると、子どもたちは自ら長い物語に挑戦しだします。図書館員は、子どもとおはなしと本を有機的につなげることができると思います。

宝物の時間

わたしは図書館員はおはなしを語ってほしいと思っています。なぜなら、おはなしほど、図書館員と子どもたちとの距離を縮めるものはないからです。おはなしには語り手の人柄が表れます。子どもたちはおはなしの楽しみを伝えてくれた信頼できる大人として、おはなしの世界を共有した仲間として、図書館員を意識するようになります。声をかけても全く答えてくれなかった子が、おはなしを聞いたあとでは自分から話しかけてきたり、おはなしの感想をいってくれるようになることがよくあります。小学校で語った日の放課後、自転車を飛ばして来てくれることもあります。なにより、おはなしを聞いている子どもたちが発するため息や、目の輝きを見ることができることは、子どもの本に関わる仕事のすばらしさを感じる、またとない機会です。こんな宝物のような時間を人任せにしてはもったいないと思います。

しかし、おはなしをできる職員がいない、おはなしを覚えるヒマがない、ボランティアの人のほうが上手だ、ボランティアの活用は行政の方針だから、などの理由でおはなし会をボランティア任せにしている図書館が多いのが現状です。ボランティアの側からは、図書館員はどんどん異動してしまう、おはなしを覚えてくれない、活動の場を与えてほしいなど、意見があると思います。現実問題、図書館員の数は減らされ、非正規化が進み、図書館そのものを民間委託する自治体もあります。しかし、おはなしはボランティアの人がやってくれるから図書館員はやらなくていい、というのは、結局のところ、おはなしは読書とはつながらない、お楽しみイベントとしてしか捉えられていないということでしょう。おはなしがいかに子どもの想像力を養い、本を読む楽しみにつながっていくかを理解してもらうためにも、図書館のおはなし会は、図書館員本来の仕事と位置づけるべきだと思います。

スペンサー・ショウ氏は、「すぐれた読み物の世界のドアを開ける一つのかぎは、昔から続いてきた伝達方法としてのお話です。それは言葉で語ることによって、印刷されている世界に橋をかけることになるからです。語り手は、適切なお話の環境の中で、話言葉と本とに本来含まれている驚きを伝えるための媒体として働くのです」(『ストーリーテリングの実践』)と語っています。

図書館員には研修の時間を与え、腰を落ち着けて児童サービスに取り組めるようにしてほしいと思います。また、図書館員も自分の時間とお金を使って外の勉強会に参加して学ぶと、さらに力がつきます。その上で、図書館のおはなし会は図書館員が中心となってやり、ボランティアの人をお招きする場合は図書館員がその方を子どもたちに紹介してはどうかと思います。図書館員が経験不足でおはなしの数が足らないなら、同じおはなしを何度でもやって、絵本を読めば良いのではないでしょうか。幼稚園や保育園のお散歩で図書館に立ち寄ったり、小学校の生徒が図書館見学に来た時は、積極的におはなしを語りましょう。はじめておはなしのへやに入ったことをきっかけに、図書館に来るようになった子もいます。

図書館のおはなし会は、年齢が揃わず、プログラムをたてにくいものですが、自分の意思で（親の意思もありますが）おはなしを聞きに来てくれている子どもたちに語るのですから、その気持に答えられるように良い語りをしたいものです。

12. おはなしの仲間

◎実践編◎

高め合える仲間

おはなしの楽しさに魅せられ、ともに学び合う仲間の存在は、とても大切です。その仲間たちはどうあるべきでしょうか。

だいぶ以前、わたしがある大人のグループのおはなし会で「ふしぎなお客」を語った時のことです。語り始めたとたん、ひとりの人がクスクス笑い出し、最後までずっと笑っていました。このおはなしは出だしから不気味な雰囲気のあるこわいおはなしなのですが、その方はおはなしの結末を知っていて、つい笑ってしまったのでしょう。しかし、緊張感を持って語り出したわたしは出鼻をくじかれてしまいました。他の人たちもそのクスクス笑いを聞いてこの話はおかしい話なのかと思ってしまったように感じました。気にしないようにしてどうにか語り終えましたが、もうこの会では語りたくないなと思ったものです。

おはなしを語っている人から相談を受けたこともあります。あるおはなしを語っている最中、いいにくい部分をちょっといい替えたところ、以前同じおはなしを語った人がパッと顔を上げ、違う違うと頭を振ったため、おはなしが出てこなくなってしまったというのです。きっとその方は頭の中で自分の覚えたおはなしを反芻していたのでしょう。悪気はなかったとはいえ、語り手は気にしてしまいます。子どもたちの前で語る時を本番とすると、予行演習としての仲間内の勉強会には、聞くマナーがあるとわたしは思います。

『どうらく息子』(尾瀬あきら)という落語の漫画に良い例がありました。

新米の落語家の主人公は修業に励み、「牛ほめ」という落語を習って、前座で演《や》ることになります。練習を重ね、完璧にできるようになっていたのですが、当日舞台であがってしまい、ことばがつまったとたん、一番前の観客から次のセリフをいわれてしまいます。彼は頭が真っ白になり、しどろもどろになって、とうとう途中で舞台から下げられます。恥ずかしくて悔しくて、その客を呪いますが、兄弟子の落語を聞きに行って驚きます。兄弟子は年末のデパートの喧騒の中で、少しも動じずに落語を演じていたのです。自分の失敗を観客のせいにしてはいけない、と主人公は反省します。

しかし、彼の失敗はこれで終わりませんでした。彼はすぐにリベンジしようと次の前座に同じ「牛ほめ」をかけます。万全と思って舞台に出ようとしたとき、前の失敗がフラッシュバックしてきます。観客が全員あの客の顔に見えて足がすくみ、動けなくなってしまいました。舞台に立てない落語家はやめるしかないといわれ、主人公は悩みぬきます。

どんな聞き手に対してもおはなしを語り、失敗を聞き手のせいにしないことが語り手には求められます。しかし、おはなしの仲間であれば、聞く側のマナーの悪さも語りの失敗を招くこと、そしてその行為が二度とおはなしを語れなくなってしまうほどのショックを与えてしまうこと、自分が同じ事をされたらどうなるかと想像するべきでしょう。

『どうらく息子』で、悩む彼を救ったのは、あの兄弟子でした。兄弟子は、主人公が落語を始めるきっかけとなった、老人会の小さな集まりで「牛ほめ」を演るようにいったのです。自分を見守ってくれるあたたかい人たちを前に、彼は原点に戻って語り、自信を取り戻します。

このストーリーはまさにわたしたちにも共通するものです。もしも語り手としてそのような不幸な事態に陥ってしまった場合、もう一度語れるようにするには、どうすればいいか。少し時間をおくか、家族や子どもたちや、あなたが絶対信頼できる友人に語ってみることです。

大人の前でおはなしを語るのは、子どもを前にする時以上にあがるものですが、おはなしの仲間は、マナーを守り、お互いが高め合える仲間でありたいものです。

愛のある指摘をしましょう

おはなしの研修会などで、語り手があまりおはなしにフィットしていないような気がして、選んだ理由を尋ねると、「自分ではあまり好きじゃないけど、グループの勉強会で、こういうおはなしがあなたに合っているといわれたから選びました」という方がいらっしゃいます。また、「わたしはお姫様ものは向いていないといわれるので、やらないようにしています」という方もいらっしゃいます。おはなしをグループで勉強する場合、語り手のいつも語っているおはなしや日常生活を知っていると、この人にはこういう話が合っているという先入観ができてしまうことがあります。語り手はその助言を信じて、あまり好きではないおはなしを選んだり、やってみたいジャンルのおはなしを自己規制してしまうのです。でも、よく知り合った仲でも、その人の意外な一面に気づかないことがあります。普段は豪快で気の強そうな人が、内面はとても細やかでやさしい人だったり、おとなしげでいつも消え入りそうなかんじの人が、実は大胆な一面のある人だったり、ということがあるではありませんか。また、人間はいつも同じ状態ではありません。ですから、その人がその時本当に好きなおはなしを選べるよう、あまり周りから決めつける指摘は控えましょう。その人がそのおはなしを好きで語っていないことは、聞き手の子どもたちがすぐにわかってしまいます。

日本中どこに行ってもおはなしのグループがあり、良いグループには良いリーダーがいることが多いものです。そして、良いグループには必ず、良いフォロワーがいるとわたしは気づきました。フォロワーは単にリーダーを補佐するのではなく、自らの意思でグループの目的のために動こうとする人です。近年の組織論では、フォロワーの役割こそグループにとって欠かせないといわれています。リーダーはフォロワーがいてこそリーダーであり、フォロワーがいなくてはグループになりません。自分たちはなぜグループになっているのか、何を目的として集まったのか、常に忘れない仲間でいたいものです。

良い語り手は良い聞き手

「皆さん心の中で思い出してください。あなたが小学校二年生の時、一番仲の良い友だちは何ちゃんという子でしたか？　よく遊んでいた場所はどこですか？　校庭？　家の中？　何をして遊びましたか？　ゴム飛び？　鬼ごっこ？　わたしは鉄棒の脇で、よく大学落とし（天下落とし）をして遊んでいましたが……」

おはなしの研修会を始める時、わたしは聞き手の人たちに聞きます。大人を前に語るのは、とても緊張することです。聞き手は子どもになって聞いてほしい。でも、いきなり子どもになれといわれてもなれませんから、こうして具体的に思い出してもらうのです。すると、聞き手がだんだん子どもの顔になっていきます。それから、おはなしを始めるのです。メモなどを取らず、手には何も持たないで聞いてもらいます。

おはなしを語っていて感じるのは、良い語り手は良い聞き手であるということです。何十回も聞いたことのあるおはなしでも、その時はじめて聞いたように楽しんでいる人は、必ず良い語り手です。

新潟の笠原甚威《じんい》さんは、おかあさんやおばあさんにいつもおはなしをせがんでいたとおっしゃっていました。「でも、兄弟で聞いていても、泣いてしまうのは自分だけでね」とも。心からおはなしに浸っていたからこそでしょう。甚威さんは、兄弟の中で、ただひとり、語り手となりました。

語り手にとっては、子どものように聞いてくれる聞き手がいると、語りやすくなります。いい間合いであいづちをうつようにうなずいたり、驚いたりしてくれると、その人に語るためにこの時間があるように思えてきます。ただ、聞き手があまり期待して身を乗り出してくると、その気迫に気圧されてしまうこともあるので、ほどほどに見てあげることも大切です。

語り手は聞き手の誰がよく聞いているか、誰が上の空か、敏感に感じ取ってしまうものです。語り手にとって、「あそこを間違えている」とか、「他の人の語りのほうが上手だ」などと思われていることは、とても嫌なものです。そんな聞き方は語り手に、そしてまず、おはなしに対して礼を欠くものです。良い語り手となるために、まず聞き手としてはおはなしをとことん楽しみましょう。

学び合う研修会

おはなしはグループで講評しあったり、研修会に出て講師から講評を聞くことで、上達していきます。自分では気づかなかった癖を見つけてもらえたり、他の人の語るのを聞いて刺激を受けます。

語り方の癖がうつる、ということもあります。あるグループでは、どの人も文章の前にちょっと間をおいてから、「え、それで」と話し出す癖があり、わたしが指摘するまでみな気づきませんでした。研修会が、さまざまな場で語っている語り手たちの交流する場となることで、おはなしを語る意義を見つめなおし、レベルをあげていくこともできるでしょう。

以下は5.でも触れた、わたしが担当した昔ばなし大学語りコースの研修例です。十五、六人くらいであれば二グループに分け、語る、聞くを交互にやります。毎回わたしの語りの時間もあります。

スケジュール

◎選ぶ　一回　　　二グループ合同
◎語る　三回〜四回　グループ交替で毎月（二時間半）
◎聞く　三回〜四回　グループ交替で毎月（二時間半）
　宿題「プログラムを作る」　添削後返却
◎発表会　二グループ合同（四、五時間）

　その後、一年に一回、同窓おはなし会をすることもあります。

運営方法

◎事務局　一〜二名
◎聞く番のグループから、会場係・プログラム係・わらべうた手あそび係
　各二名　交替で
◎語る番のグループは語りたいおはなしの題、出典を三週間前にプログラム係に連絡
　↓プログラム係は案を伊藤に提出↓伊藤助言↓決定↓印刷↓当日配布
◎わらべうた係　おはなし会で使えるわらべうた・詩・手あそびを印刷、当日配布

記録をつける

おはなしを語った後は記録をつけることをおすすめします。日時、場所、対象、おはなしのタイトル、出典、そして、子どもたちの反応、雰囲気、反省などを記してください。おはなしの場が図書館だったら、一冊のノートを置いておいて、語った人は必ずそれに記録しておけば、前に語った人のおはなしと重ならないようにおはなしを考えることができます。特に、失敗したこと、次の人に伝えたいことは必ず書くこと。例えば、プログラムを外に貼りだすのを忘れてしまい、子どもが集まらなかったとか、ドアを閉めておかないと他のサークルの人がはいってきてしまうとか、また、このところよく騒ぐ子どもたちが来ていることなど、情報を共有することで次の人の心構えができます。他の人のプログラムの組み合わせも参考になります。嬉しかったことも書いてください。このおはなしにこんな反応をした子がいた、このおはなしを好きになった子がいた、という記録があると、おはなしを語るモチベーションが上がります。この記録は個人情報を含むことがあるので、鍵のかかる場所に保管してください。

そうした他の人との情報共有のための記録の他に、自分だけの記録をつけると良いと思います。図書館、文庫、児童館など、いくつかの場所でおはなしをしている方は、自分で記録しておかないと何を語ったかわからなくなってしまうでしょう。

計画をたてる

一年を通しておはなし会をしている場合、マンネリになることもあります。季節にそった、テーマを決めておはなし会をするのも良いでしょう。日本の昔ばなしシリーズ、今月はグリムを語る、夏は少しこわいおはなしの会、冬は雪をテーマにしたおはなしの会など、何人かでおはなし会を運営している場合でも、テーマを決めると統一感が出ます。月ごとに国を替えて世界おはなしめぐりと銘打ち、世界地図にシールを貼っていくカードを作ると子どもたちも楽しみにします。年間計画をたてると、語り手も計画的におはなしを覚えられます。ただ気をつけることは、いつでもはじめておはなしを聞く子がいることを想定しておくこと。聞き慣れていない子でも楽しめるおはなしは必ずいれるようにし、シリーズの途中から参加した子が疎外感を持たないように工夫しましょう。

してはいけないこと

子どもたちがおはなし会のあいだどういう態度だったかを記録する必要はありますが、うわさ話をしてはいけません。「あの子の家庭はこうだから、ああいう反応をするのだろう」とか、「あのクラスの先生と子どもたちはうまくいっていないみたいだ」などというのはやめましょう。わたしたちが見ているのは、子どもたちのほんの一部にすぎません。思い込みやきめつけは良い結果を生みません。悪いうわさ話ほど、広がるのは早く、子どもたちや先生方などの信頼を失います。そうなったら本末転倒です。わたしたちは、子どもたちの貴重な時間を借りて、おはなしの楽しさを届けさせてもらっているのです。先生が不在の時の子どもの態度を先生に言いつけるのもやめましょう。おはなしをしにくる人が自分たちを観察しているのだと思ったら、子どもたちは素直な反応を示さなくなります。子どもをひとりの人間として尊重し、ともにおはなしの楽しさをわかちあいましょう。子どもたちは、ひとりの人間として尊敬できるあなたを求めています。

語り手の人数

いつも同じ人が語るほうが、子どもは安心しますし、その人になじんでいきます。おはなしができる人がふたりいるなら、ひとりが語り、もうひとりは子どもたちの様子を見たり、遅れてきた子には、終わってから絵本を読んだりとサポートできます。次の回は交替してやるようにして、一回のおはなし会はひとりの語り手で通せると良いです。語り手が入れ替わり立ち替わり出てくるのは、子どもたちも落ち着かず、出しもののようになってしまいます。しかし、語り手の経験が少なく、語れるおはなしの数が少ない場合、レパートリーに幅がない場合は、ふたりで組んで運営するのも良いでしょう。おはなしの楽しさに魅せられた大人が増え、語り手はいるけれど、語る場がないというケースも聞きます。その場合でも語り手の都合ではなく、あくまで聞き手の子どもの立場で考えましょう。

保育園・幼稚園・施設・病院・ホスピスなど、まだまだ語る場はたくさんあります。おはなしの場の開拓は、聞き手の裾野を広げ、おはなしに対する認知度を上げることにつながります。

新しい土地で

引越し先の新たな土地でおはなし会のグループに参加したいと思ったら、まったく違うタイプのおはなしをしていて戸惑ったという相談を受けることがあります。この本に書いてきたようなシンプルな語りではなかったり、演劇的だったり自分の生い立ちを語るおはなし会だったり、紙芝居と人形劇だったり。

わたしはこういう話を聞くと、石井桃子さんが一九六〇年代に渡米して、当時の日本の子どもの本の事情を米国の図書館員に説明したときにいわれたことばを思い出します。「How exciting! How challenging!」（『子どもの図書館』）。つまり、開拓の余地がたくさんある場所にいるということです。もし、そういう場所に行ったら、図書館や公民館でおはなし会をさせてもらえないか相談してみましょう。既存のグループに入るか、新たなグループを作るか、個人でやるか、ケースバイケースですが、個人の場合は、既存のグループが活動していない幼稚園や保育園のほうが始めやすいかもしれません。子どもたちに語らせてもらえる機会があれば、子どもたちがどれだけおはなしを楽しむかわかってもらえるでしょう。シンプルに飾り気なくおはなしを語ることが、子どもたちの深いところに喜びを届ける、ということを理解してくれる人は必ずいます。

おはなしの失敗を成功へ

「今日は子どもたちが落ち着かなかった」「いきなり校内放送がはいっておはなしがだめになってしまった」「短縮授業なら事前にいってほしかった」

学校でのおはなしを終えて帰ってきた人がいうことがあります。たしかに自分以外の要因でおはなしがうまくいかないことはあります。しかし、わたしたちはおはなしをしてやっているのではなく、させてもらっている立場です。校内放送がはいっても、いきなり授業時間が変わっても、それに対応してやらなければいけません。もちろん、事前に防げることは防いでおくことです。何かの行事で授業時間が変わっていないか、事前の確認とさらに当日も確認して始めればあわてずに済むでしょう。校庭で他学年が予行演習をしている様子を見れば、運動会が近く、校庭から音楽が鳴り響きそうだと察知できるでしょう。学校でなくても起こることですが、おはなしの最中に写真をとらないこと、途中で音を立てて出入りしないこと、などは事前のお知らせに書いておくこともできます。場を借りておはなしをさせてもらうのであれば、その場の提供者の動きを予測しておくことで失敗は防げます。もちろん、こうした準備をしたとしても、防ぎようのないハプニングは起こります。その場合は気を落ち着けて臨機応変に対応しなければなりません。

おはなしの最中、いきなり大きなハチが教室に飛びこんできて、女の子たちがキャーっと立ち上がってしまった、ということがありました。が、先生はハチを追い出した後、「ハチもおはなしを聞きたかったんだね」といったので、みんな笑ってほっとした雰囲気になりました。わたしはプログラムを変更して「みつばちの女王」を語りました。子どもたちはとても喜んでおはなしを聞いてくれ、そのおはなし会は成功に終わりました。

図書館のおはなし会の最中、子どものポケットから小さな電子音が響いたことがありました。ほかの子どもたちが一斉にその子を見ると、その子は小さな育成型ゲームを取り出し、操作し始めました。ほとんどの子はそれでまたおはなしにもどってきましたが、その子の周りの二、三人は、ずっとそのゲーム機を見ていました。わたしはおはなし会が始まる前にお母さんに預けるようにいえばよかったと反省しました。その子がお母さんとゲーム機をいじっているのを見ていたのですから。自分の不注意が招いた失敗で、ほかの子どもたちに申し訳なく思いました。

　おはなし会は五歳からと決めているのに、どうしても上の兄弟と一緒にはいりたい、とごねる子がいます。または、うちの子は小さいけれどおはなしが好きでよく聞けますからとお母さんが無理矢理いれてしまうことがあります。その結果、案の定、飽きて歩き回ったり、お母さん恋しさに泣き出したりして、おはなし会に来ていたほかの子どもたちに迷惑をかけることになります。家でおはなしを聞く時は親子の愛情関係の中ですから聞けますが、ほかの大人のおはなしを聞くのはだめということはよくあります。断りきれなくてこういう子をいれてしまった自分の責任です。

　しかし、おはなしの失敗の原因は、こうした場所や時間などの外的な要因によるものもありますが、語り手の側の不注意や自分に自信がなかったり、経験が少なかったり、という内的な要因で起こることのほうが多いと思います。あがってガチガチになっていたら、おもしろいおはなしもつまらなくなるでしょう。おはなしがうろおぼえでつっかえつっかえでは聞くほうがたいへんです。大人はがまんして聞いてくれても、子どもは途中で飽きてしまいます。こうしたおはなしをじっと座って聞かなければならないのは苦行です。当然の成り行きとして、途中からゴソゴソしたり、全く笑いがでなかったり、

「つまらなかった」といわれて語り手は落ち込むことになります。十分に練習することはもちろん、場数を踏んであがらないようにして、おはなしの心を伝えるつもりで語りましょう。

おはなしの失敗を聞き手のせいにしてはいけません。どんなに聞き手のマナーが悪くても、周りの騒音がひどくても、いったん語り出したら最後まで語らなければなりません。以前、中学校で、おはなしを語り始めたとき、大多数の子はしかたなくそこに座っているというかんじでした。でも、ひとりだけ一生懸命聞いている女の子がいたので、その子に語るつもりでおはなしを続けました。あとでわかったのですが、その女の子は小学校の時わたしのおはなしを聞いたことがあり、とても楽しみにしていてくれたのです。ひとりでも聞いている子がいたら、その子に語るつもりで語りましょう。するといつのまにかほかの子どもたちも聞くようになっています。

くりかえしますが、わたしたちのおはなしは、世間一般にはまだ認知度が低いものです。動きや映像を伴うものでもなく、大人数に向けてやるものでもありません。いわばわたしたちは、パイオニアです。パイオニアの活動には困難がつきものです。なにより、活動の場を与えてくれた学校や幼稚園、保育園や児童館などに感謝し、失敗を環境のせいにせず、子どものせいにせず、その原因を反省して活動し続けることです。継続は力なり。失敗はいつか笑い話に変わります。

二〇一三年、国立青少年教育振興機構は、「子どもの読書活動の実態とその影響・効果に関する調査研究報告書」を出しました。この調査は、成人５２５８人、高等学校二年生１０２２７人、中学校二年生１０９４１人を対象に、子どもの頃の読書が成人や中高生にどう影響を与えているかを調べる、はじめての大規模な調査でした。その調査には昔ばなしの項目もあり、「特に、就学前から小学校低学年までの『家族から昔話を聞いたこと』と、成人の『文化的作法・教養』との関係が強い。」という結果が出ました。子ども時代に昔ばなしを聞くことは成人になってからも良い影響を与えていたのです。語り手たちが実感していたことの裏付けがとれたといっても良いでしょう。わたしたちは謙虚に、しかし自信を持って、おはなしを語り継いでいけば良いのです。

昔ばなしの主人公はしばしば困難にあいますが、その時その時、誠実に対処することで、困難に打ち勝ち、幸せを手に入れます。わたしたちも昔ばなしの主人公のように、困難を乗り越えて語り続けましょう。

おすすめ昔話絵本と昔話集

◎付録◎

◎昔話絵本◎

昔ばなしを絵本にすることについては、いろいろな意見があります。元々語られてきたものですから、耳で聞いている時は気にならないことも、絵にすると違和感があったり、イメージが限定されてしまったりします。この世のものでない彼岸の世界をどう描くかも難しいところです。現在出版されている昔話絵本には、絵も文もあまりおすすめできないものが少なくありません。しかし、語りを聞く機会がない子どもいますし、語り手が語れない昔ばなしもあります。絵がうまく昔ばなしの世界を表現しているすぐれた昔話絵本を選んで子どもに出会わせてあげたいと思います。

グリムの昔ばなしを美しい絵本にしたフェリクス・ホフマンはこのように語っています。

「私は、子どもにお話を語り聞かせるように描くことをめざします。(中略)子どもにお話を聞かせるためには、子どものいるじゅうたんに腰をおろす、つまり、子どものところへおりていくこともできますが、子どもを膝に乗せる、つまり子どもを自分の位置までひきあげることもできます。私の経験からすると、子どもたちは膝にのる方が好きです。だから私は、絵を描くとき、けっしてじゅうたんにはおりてはいきません。いかなる場合にも『子どもらしい』絵を描こうとは思いません。」

フェリクス・ホフマンの講演録より　吉原素子訳（二〇一二年教文館ホフマン展解説より）

わたしが昔話絵本を選ぶポイントは、①子どもに伝えたい内容の昔ばなしであること②昔ばなしの世界を損なわず、すぐれた絵で表現していること③耳で聞くとわかりにくい場面を絵が表現していること④その昔ばなしの民俗性を正しく理解している絵であることなどです。以下、わたしが子どもたちに読んでみて良かった絵本のいくつかを紹介しましょう。（＊印は二〇一六年七月現在品切れ本のため、図書館を利用してください。）

『おおきなかぶ』

ロシアの昔話　A・トルストイ再話　内田莉莎子訳　佐藤忠良画　福音館書店

「うんとこしょ、どっこいしょ」のくりかえしで親しまれている絵本。かぶをひっぱる順番も耳で聞いてわかりやすい。絵は彫刻家ならではの視点で角度を変えて描かれ、いかにも本当の話のような臨場感を感じさせる。佐藤氏は、戦後シベリアでの抑留生活で見たロシアの風俗と、生きた人間の体を描こうとしたといっている。

二歳児でもリズムを楽しみ、五歳児になると、内容を考える。「ねこはなんでねずみを食べないんだろう」といった子に、「ねずみを見てないからだよ、しっぽでひっぱってるじゃん」と、絵からおはなしを理解した子がいた。

『三びきのやぎのがらがらどん』

ノルウェーの昔話　マーシャ・ブラウン絵　瀬田貞二訳　福音館書店

ゴツゴツした山間の絵は氷河に削られた急峻なノルウェーの風土そのまま。不気味だがどこか滑稽なトロルも魅力的。三びきのやぎたちがトロルと対峙する構図も、一ぴきごと、それぞれに考えられている。リズミカルで適切な訳文により、日本の子どもたちに人気の絵本となった。子どもにとって、恐いもののいる橋をひとりで渡っていくのはたいへん勇気のいること。読み手があまり迫真の演技で読んだために、この絵本を読まなくなってしまった子どももいる。自然に読みたい。

『せかいいちおいしいスープ』

マーシャ・ブラウン文・絵　こみやゆう訳　岩波書店

はらぺこの兵隊三人は、村で食べ物を乞うが、村人たちは食料を隠してしまう。兵隊たちは一計を案じ、石でスープを作るといいだした。好奇心にかられた村人たちは、兵隊にいわれるまま、野菜、肉などを次々に持ち寄り、すばらしいごちそうスープが出来上がる。兵隊や村人たちの表情の変化が絵からよくわかる。知恵を働かせて目的を達し、村を去ってゆく兵隊たちの表情が愉快。「ほんとにおいしそうだ！」と叫んだ子がいた。

『王さまと九人のきょうだい』

中国の民話　君島久子訳　赤羽末吉絵　岩波書店

子どものいないイ族の夫婦に九人の子どもが生まれた。九人は同じ顔だが、「あつがりや」「ぶってくれ」「ながすね」などそれぞれ違う能力を持っていた。

王さまは、自分の地位を危うくする存在と思い、次々と難題をしかけるが、子どもたちはひとりずつ飄々とした表情で難なく解決する。それぞれの能力を発揮する場面が絵にするとわかりやすく、子どもたちは目を丸くして驚く。

『こかげにごろり』＊

韓国・朝鮮の昔話　金森《かなもり》襄作《しょうさく》再話　チョン・スクヒャン画　福音館書店

欲張りな地主から木影を買い取った百姓たちは、木影が地主の庭に伸びていくと庭に入り込む。やがて木陰は屋敷のごちそうの上に伸びるが、地主は百姓たちを追いだすことができず、頭を抱える。薄い紫で木の影を表し、したたかにたくましく生きる百姓たちと、強欲な地主を素朴でユーモラスな絵で表す。韓国・朝鮮の農民の服装や食事の様子など、馴染みのうすい風物が、この絵本で近しいものになった。

『ちいさなりょうしタギカーク』＊　アジア・エスキモーの昔話

V・グロツェル再話　G・スネギリョフ再話　松谷さやか文　高頭祥八画　福音館書店

母親と貧しく暮らす少年は、ある日海に落ち、海の底で、漁で死んだ父に会う。父は食料の場所を教え、少年を浜に返してくれる。彼岸の世界をどう描くか難しいところだが、少年の立場で読んでいる子どもは、不自然に感じないだろう。子どもたちから「クジラって食べるの？」と質問されたこともある。未知の国の人々の暮らしを知るのに、この絵本が手助けをしてくれた。

『ねむりひめ』

グリム童話　フェリクス・ホフマン絵　瀬田貞二訳　福音館書店

この絵本については、『絵本論』（瀬田貞二著　福音館書店）に詳しい。品と格調と、さりげないユーモアが全編にあふれる。他の同タイトルの絵本は、眠っている王女の表紙がほとんどだが、この王さまの大きく武骨な手は、王の責任ある立場と、娘を愛してやまないひとりの父親の心情を表している。その手にのせられた王女の手の小ささは、可憐な少女がまだ知らない、不安な未来を暗示しているか

のようだ。おはなしで語っても良いが、ぜひ、子どもたちにこの絵本の美しさに出会わせてほしい。ホフマンのグリムの昔話絵本は、全てよく知っている子ども(我が子や孫)のために描いたもので、その描き方は、この章の冒頭で紹介したとおりである。

『つぐみのひげの王さま』*

グリム童話　フェリックス・ホフマン絵　大塚勇三訳　ペンギン社

一頁目に描かれた王女の後ろ姿に、王女のまれにみる美しさと気位の高さが感じとれる。高慢な性格のために身分を奪われた王女はこじき楽師の妻となる。権力の頂点にいる王女とみじめな暮らしを余儀なくされた王女との対比が見事。ホフマンのグリム絵本の中では目立たないが、美しい作品。

『おおかみと七ひきのこやぎ』

グリム童話　フェリクス・ホフマン絵　瀬田貞二訳　福音館書店

お母さんヤギが子どもをかわいがって育てている様子が、訳と冒頭の絵にははっきりと示され、その上で物語が展開していく。子ヤギたちがオオカミに対峙する絵は周囲を白く抜き、場面に緊迫感を与えている。子どもたちをオオカミに食べられたと知った母ヤギの悲しみなど、ことばでは語られていない心情を絵が伝えている。最終ページは子ヤギたちをベッドに寝かしつける母ヤギの後ろ姿。ホフマンは末娘のために、テキストにはない、家族の幸福な場面を描いたといわれる。何十回も子どもに読まされたお母さんもいる。

『ふくろにいれられたおとこのこ』＊

フランス民話　山口智子再話　堀内誠一画　福音館書店

男の子ピトシャンピトショはオニにさらわれるが、うまく逃げ出してオニの家の屋根に上る。オニは彼のいうとおりにして、串ざしになって死ぬ。残酷に思えるラストだが、最後の場面には、人形劇の舞台に帰って行くピトシャンピトショが描かれ、この話がおはなしの世界のことだとわかるようになっている。

デザイン的でかつあたたかみのある絵。南フランスの明るい風景を表すピンクと青が美しく、「オニ」もフランスではこうなるのかと思わせる。

『きこりとおおかみ』＊

フランス民話　山口智子再話　堀内誠一画　福音館書店

家に忍び込んだオオカミにスープをかけて追い出したきこり。翌年森で木を伐っていると、オオカミの群れが襲ってきた。木によじ登って逃げるきこりを追って、幹を駆け上がるオオカミたち。スープのせいで毛がぬけたオオカミの間抜けな表情はおかしく、迫りくるオオカミを上から俯瞰した絵はダイナミックで映画のカメラワークのよう。木の高さ、オオカミの数など、耳で聞いただけではわからないおもしろさを感じることができる。

『あかりの花』＊

中国苗族民話　肖甘牛採話　君島久子再話　赤羽末吉画　福音館書店

働き者の若者トーリンは野で摘んだ白い百合を家に飾る。ある日、百合は美しい娘になり、ふたりは夫婦になった。しかし、暮らしが豊かになると、トーリンは怠け者になり、妻は金鶏鳥に乗って去る。落ちぶれたトーリンが妻の残した布を見ると、そこには貧しくも幸福だった夫婦の暮らしが刺繍されていた。美しく不思議なおはなしにふさわしい絵。耳で聞くと刺繍の布がわかりにくいが、絵にすることで理解しやすくなった。小学校高学年もよく聞く絵本。

『きんいろのしか』*

バングラデシュの昔話　ジャラール・アーメド案　石井桃子再話　秋野不矩画　福音館書店

金の大好きな王さまは、狩りで金色の鹿を追う。鹿は牛飼いの少年に逃がしてもらうが、王さまは少年を捕え、三日以内に鹿を連れて来るよう命じる。少年は動物たちに助けられ、鹿を見つけて王さまのもとに戻る。金に目がくらんだ王さまは鹿の振りまく金に埋もれてしまう。バングラデシュの風景や少年のたたずまいなど、インドに長く暮らした日本画家ならではの美しい絵本。

『うまかたやまんば』

小澤俊夫再話　赤羽末吉画　福音館書店

恐い中にもおかしみのある骨太なおはなし。「かたにのさかな」「せなかあぶり」など昔のことばが絵になるとよくわかる。馬方が屋根のカヤで甘酒を吸う場面など、語りでは少しわかりにくい場面も、紙面を大胆に縦長に使った絵で理解しやすくなった。三本足の馬が駆けて行く場面はユーモラスに描き、やまんばが死ぬ場面はあえて描かないなど、絵を見て目で楽しめる場面と、耳で聞いて想像したほうがふさわしい場面との描き分けも見事。

『ずいとんさん』

日野十成再話　斎藤隆夫絵　福音館書店

和尚さんの留守に寺の本堂でお経をあげていた小僧ずいとんは、きつねのいたずらに

気づき、きつねを本堂に追い込んだ。だが、きつねはご本尊様に化け、二体の本尊のどちらが本物かわからない。一計を案じたずいとんは……。きつねがしっぽで「ずーい」と戸をなで、頭で「とん」と突く様子など、耳で聞いているだけではわかりにくい場面が絵によって幼い子にもわかりやすくなった。ずいとん、きつねの表情がユーモラス。

『まのいいりょうし』

瀬田貞二再話　赤羽末吉画　福音館書店

子どもの七つの祝いのため、狩りにでた猟師は、曲がった鉄砲のおかげで大量の獲物を得ることになった。鉄砲の弾が千鳥がけに飛ぶ場面、山芋やきのこが見つかる場面など、耳で聞いていると細部のわからない箇所が、絵で納得できる。瀬田貞二のことばの調子の良さと、絵巻物のように一方向に進んでいく描き方はおはなしに良く合っている。「まのいい」ということばの意味が小さい子にはわからないが、小学三年生は、「ああ、ラッキー！ってことだね」と理解してくれた。

『ももたろう』
松居　直文　赤羽末吉画　福音館書店

表紙できりっと正面を向いたももたろうが力強い。場面場面の絵は美しく、動きがある。ももたろうが育つ場面が丁寧に描かれ、子どもの共感を呼ぶ。「一ぱいたべると一ぱいだけ、二はいたべると二はいだけ」ということばのリズムが楽しい。自分で本を読まない小学三年生がこの本は毎日読んでほしいと持ってきた一冊。

『おんちょろちょろ』
瀬田貞二再話　梶山俊夫画　福音館書店

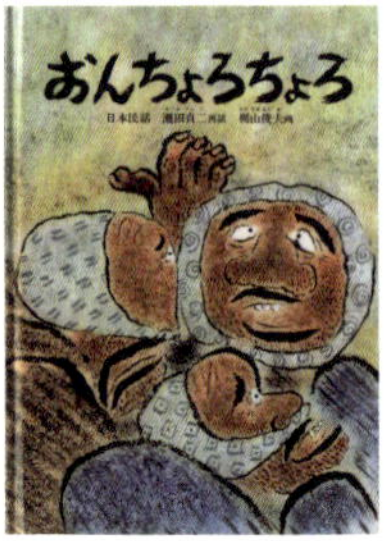

道に迷った男の子は、泊めてもらった老夫婦に旅の小僧さんと間違えられる。男の子はちょうど穴から出てきたねずみを見て、口から出まかせのお経を読むが、老夫婦はそれをありがたく覚え、毎日仏壇にお経をあげる。ある日忍び込んだ泥棒たちは、「おんちょろちょろあなのぞきそろ」というお経を聞き、

見つかったと思って逃げだしていく。小僧とねずみ、泥棒と老夫婦の位置関係が絵でよくわかる。お経をお経らしく唱えるとおもしろさが増す。間の抜けた泥棒たちの表情が親しみやすい。

◎昔話集◎　語っても読んでも

『子どもに聞かせる世界の民話』　矢崎源九郎編　実業之日本社

世界中から一国一話ずつ昔ばなしを集めている。目次で、「けものや鳥や虫が、でてきて、ちえをはたらかせる話」「欲ばりや心のまがった者が、そんをしたり、正直者が、とくをする話」など、内容のタイプと、だいたいの分数がわかる。国際理解教育と絡めて国で選んだり、すき間時間に分数から選んで読むこともできる便利な一冊。

『おはなしのろうそく』（1～続刊中）　東京子ども図書館

日本におはなしを広めた東京子ども図書館による小冊子。いろいろな国と地域のおはなしが、子どもたちに伝わることばで丁寧に再話され、使われた原典も明記されている。おはなし会の後、出典として見せると、その薄さ、小ささから、読んでみたいと借りにくる子が多い。二冊ずつをまとめた『愛蔵版おはなしのろうそく』（1－10）は、子ども自身が読むために。

『世界のむかしばなし』 瀬田貞二訳　のら書店

「七人さきのおやじさま」「こなべどん」など全14編。テンポがよい訳と、太田大八のユーモラスな絵で、子どもも読みやすい。

『イギリスとアイルランドの昔話』 石井桃子編・訳　福音館書店

イギリスの民話研究者ジェイコブズらによる昔話集を翻訳。「三びきの子ブタ」「ちいちゃい、ちいちゃい」などの短いおはなしから、「グリーシ」など長いおはなしまで、リズミカルで美しい日本語に訳されている。

『語るためのグリム童話』（1−7） 小澤俊夫監訳　小澤昔ばなし研究所再話　小峰書店

小澤昔ばなし研究所の再話による124話のグリム昔話集。昔ばなし本来の素朴な語り口が残るグリム第二版を元にし、最終版の第七版からの話も加えている。語り手たちの実践を生かした再話。オットー・ウベローデの挿し絵。

『子どもに語るグリムの昔話』（1−6） 佐々梨代子・野村泫訳　こぐま社

東京子ども図書館の元職員で優れたグリムの語り手である佐々氏とドイツ文学者野村氏によるグリムの昔話集。第七版64話を選んでいる。

グリムの昔話集は、福音館書店版（大塚勇三訳）、岩波書店版（相良守峯訳）などもある。声に出して、読み比べ、自分に合ったテキストを見つけよう。

『山の上の火』 エチオピアのたのしいお話＊ クーランダー／レスロー文　渡辺茂男訳　岩波書店

岩波おはなしの本シリーズの一冊。このシリーズには、『まほうの馬』『りこうなおきさき』『ものいうなべ』など優れたおはなし集がある。中でもこの本は比較的短いおはなしが多い。子どもが自分で読んでもおもしろく、語りのテキストにも使える。

『日本の昔話』（1－5） 小澤俊夫再話　福音館書店

北海道から沖縄まで全国301話を収録。語り手の実践を元に、日本語の美しさを大切に再話している。共通語のため、誰でもどの地方のおはなしにも挑戦できる。赤羽末吉氏による挿し絵も美しく、子どもが自分で読むのにも適している。巻末には昔ばなしにでてくる道具が絵で紹介されている。

『子どもに語る日本の昔話』（1－3） 稲田和子・筒井悦子著　こぐま社

土地言葉を残して再話した日本の昔話集、全73話。『子どもに語る』シリーズは、アジア、イタリア、ロシアなども出版されている。どれも語り手の実践を元に再話されている。小型の判型が手に持ちやすい。

あとがき

この本のお話をいただいてから数年、本当にありがたいお話なのに、怠け者のわたしはいつも仕事を理由に、原稿を先延ばしにしにしていました。ぐずぐずしているわたしが、「わたしが本を書いても誰も買ってくれないと思う」と母に言い訳をすると、「買ってもらおうなんて思うんじゃない。読んでいただけるだけで幸せと思いなさい」と諭され、反省して書きだしました。しかし三年前、母は余命一ヶ月といわれ、入院しました。わたしは書き溜めた原稿を急いで一冊だけ製本し、母に見せました。母はとても喜んでくれましたが、五ヵ月後に亡くなりました。母が入院中、ずっといっていたのは、生まれ育った東京神田や夏休みを神奈川の海で過ごしたことなど、幸せな子ども時代の思い出でした。「おとなになってから　老人になってから　あなたを支えてくれるのは子ども時代の『あなた』です」という石井桃子さんのことば（杉並区立図書館主催　石井桃子展への寄稿）どおりでした。子どもに関わる仕事をしている者にとって、子どもが子ども時代を幸福に生きるためにしなければならないことを思いました。しかし、その後も原稿はなかなかまとまらず、きっと母が生きていれば、何をしているのかと叱られたでしょう。

毎月語らせてもらっている保育園の五歳児クラスに、シュウ君という男の子がいます。先生のいうことを聞かず廊下に出されたり、事務室で園長先生に諭されたり、そのやんちゃぶりはなかなかです。絵本を読んでいる最中も他の子を押したり、ごそごそしたりしていましたが、おはなしを語り始めると、じっと聞いていました。そして、二回目が終わったとき、シュウ君はわたしにいいに来ました。

「いとうあけみ先生に、本はいらないんだね。あけみ先生が本なんだね」

わたしはびっくりして、うれしくて、シュウ君を抱きしめたくなりました。わたし自身がおはなしになっているということ以上の賛辞がありましょうか。「長い話をよく覚えられたね」といわれるのは嬉しいけれど、覚えて語っている自分以上ではなかったということですから。

それにしても、どうしておはなしはこれほど、語り手と聞き手を近づけるのでしょうか。最近になってふたつ理由を思いつきました。ひとつは、おはなしは「対話」だということです。「独白」(モノローグ)でも「会話」でも「議論」でもなく、「対話」(ダイアローグ）は、対面して対等の立場で自由に語り、相手のいうことに耳を傾けて聴き、世界を共有することです。おはなしが語られるとき、語り手と聞き手は対等です。聞き手は聞いているだけのようでいて、視線や息遣いで反応し、つぶやきやため息を返しています。語り手はそれを感じ取り、おはなしを通して聞き手と対話します。語り手と聞き手はおはなしの世界を共有しようと相互に歩み寄るのです。

もうひとつは、おはなしは語り手と聞き手をその真の姿に近づけるということです。「かしこいモリー」を語っている時、体の大きな女の子がクラスで一番小さい子にぎゅっとくっついて聞いていたり、いつも乱暴な男の子が先生の手をしっかり握っていたり、おはなしは聞き手の本当の姿を垣間見せます。ということは、おはなしを語っている時のわたしも、聞き手に本当の姿を見せているのかもしれません。昔ばなしには「灰かぶり」「千枚皮」「米福粟福」など、普段は汚い姿を見せている主人公が、本当の美しい姿を認められて幸せになる、というはなしがありますが、おはなしが語られる空間にも同じことがおこっているといえなくはないでしょうか。

この〝対話〟も〝真の姿〟も、おはなしが語られている、ほんの短い時間にだけ起こるのですが、それはお互いの魂に触れるような忘れられない体験となります。聞き手が子どもたちの場合はなおさら、語り手としての責任はとても重く、しかし、素晴らしく光栄な機会をいただいているといえるでしょう。そう考えると、わたしたちは襟を正して、おはなしから学び、聞き手から学び、おはなしに誠実に向き合わなければなりません。おはなしを語ることを通してわたしたちは人としての生き方を学んでいるといってもいいでしょう。

この本はこうしたわたしの気づきを、語り手を目指す方、今語っている方にお伝えし、ともに良い語りを子どもたちに届けたいと思ってまとめたものです。どうぞ忌憚のないご意見をお聞かせください。

最後になりましたが、昔ばなしの素晴らしさを教えてくださった、尊敬する小澤俊夫先生と、気長に原稿を待ち、貴重なアドバイスをくださった高橋尚子さん他研究所のスタッフの方々、編集をしてくださった内田夏香さんに心より御礼申し上げます。

いつも最初の聞き手である娘と、おはなしを語らせてくれる子どもたちにも愛をこめて。

二〇一六年十月

伊藤明美

引用・参考文献　★は巻末おすすめリストに入っているもの

Ⓐ『日本の昔話』1 - 5　小澤俊夫再話　福音館書店　一九九五★
Ⓑ『おはなしのろうそく』1〜続刊中　東京子ども図書館　一九七三〜★
Ⓒ『語るためのグリム童話』1 - 7　小澤俊夫監訳　小澤昔ばなし研究所再話　小峰書店　二〇〇七★
Ⓓ『イギリスとアイルランドの昔話』石井桃子編・訳　福音館書店　一九八一★

まえがき

熊の皮を着た男（Ⓑ7）／テイザン（『魔法のオレンジの木』ダイアン・ウォルクスタイン採話　清水真砂子訳　岩波書店　一九八四）／ガチョウ番の娘（Ⓑ3）

◎入門編◎

1. おはなしと出会い、子どもに学ぶ

ミアッカどん（Ⓓ）／金いろとさかのおんどり（Ⓑ3）／ヤギとライオン（『子どもに聞かせる世界の民話』矢崎源九郎編　実業之日本社　一九七〇）★／たまごのカラの酒つくり（Ⓓ）／ラプンツェル（Ⓑ5）／みつけ鳥（Ⓒ

3）／おいしいおかゆ（Ⓑ1）／かしこいモリー（Ⓑ1）／ちいちゃい、ちいちゃい（Ⓓ）／金の髪（Ⓑ19）／小さなこげた顔（『アメリカのむかし話』　渡辺茂男編訳　偕成社　一九七七）／ふしぎなお客（Ⓓ）

2. おはなしを選びましょう

クナウとひばり（Ⓑ20）／ひなどりとネコ（『子どもに聞かせる世界の民話』）／『幼い子の文学』瀬田貞二著　中央公論新社　一九八〇／『三びきのやぎのがらがらどん』マーシャ・ブラウン絵　瀬田貞二訳　福音館書店　一九六五）★／三びきの子ブタ（Ⓓ）／『三びきのこぶた』瀬田貞二訳　山田三郎絵　福音館書店　一九六七／『ストーリーテリング　その心と技』E・グリーン著　芦田悦子・太田典子・間崎ルリ子訳　こぐま社　二〇〇九／頭の大きな男の話（Ⓐ4）

3. 覚えること

『グリム童話集200歳』小澤俊夫著　小澤昔ばなし研究所　二〇一二／『愛蔵版おはなしのろうそく1』東京子ども図書館　一九九七／『楽譜の風景』岩城宏之著　岩波書店　一九八三

4. 語ってみましょう

『話すことI・よい語り』松岡享子著　東京子ども図書館　一九九一／三びきのクマの話（Ⓓ）／『それほんとう？』松岡享子文　福音館書店　二〇一〇／『ことばあそびうた』谷川俊太郎詩　福音館書店　一九七三／『常用字解』白川静著　平凡社　二〇一二／『F・ベアト写真集1　幕末日本の風景と人びと』横浜開港資料館編

明石書店　二〇〇六／『呼吸入門』齋藤孝著　角川書店　二〇〇三／ついでにペロリ（Ⓑ6）／赤鬼エティン（Ⓑ15）／『ことばが劈かれるとき』竹内敏晴著　思想の科学社　一九七五

5. プログラムをたてるには

みつばちの女王（Ⓒ4）／なら梨取り（Ⓐ4）

◎30分のプログラム　馬方やまんば（Ⓐ5）／おばあさんとブタ（Ⓑ7）／お月さまの話（Ⓑ25）／きつね女房・田植えぎつね・おしら神さまの田植え（Ⓐ2）／元気な仕立て屋（Ⓓ）／黒いお姫さま（『黒いお姫さま』ヴィルヘルム・ブッシュ採話　上田真而子編・訳　福音館書店　一九九一）／穀の精（『岡山のむかし話』岡山県小学校国語教育研究会編　日本標準　一九七六）／『さんまいのおふだ』水沢謙一再話　梶山俊夫画　福音館書店　一九八五／猿神退治（『おかやま伝説紀行』立石憲利著　吉備人出版　二〇〇六・『日本昔話百選』稲田浩二・稲田和子編著　三省堂　二〇〇三）／あめ　ゆうだち　かみなり（『ふじさんとおひさま』たにかわしゅんたろう詩　童話屋　一九九四）／足折れつばめ（『子どもに語る日本の昔話3』稲田和子・筒井悦子著　こぐま社　一九九六）★／かん太さまのいびき（『くしゃみくしゃみ天のめぐみ』松岡享子作　福音館書店　一九六八）／おひさま　すいか（『なぞなぞあそびうた』角野栄子作　のら書店　一九八九）／せんたくばさみ　あめ（『なぞなぞあそびうたⅡ』角野栄子作　のら書店　一九九二）

◎わたしのプログラム例　ゆっくりゆきちゃん『わらべうた　続』谷川俊太郎著　集英社　一九八二／三枚の

お札（Ⓐ5）／七羽のからす（Ⓑ10）／アンドロメダのはなし（『ギリシア神話』石井桃子編・訳　のら書店　二〇〇〇）／星の銀貨（Ⓒ7）／天人女房（Ⓐ3）／『クリスマスのまえのばん』クレメント・c・ムーア文　ウイリアム・W・デンスロウ絵　わたなべしげお訳　福音館書店　一九九六／こびとと靴屋（Ⓒ2）／十二のつきのおくりもの（Ⓑ2）／『おおきなかぶ』A・トルストイ再話　内田莉莎子訳　佐藤忠良画　福音館書店　一九六六★／『しょうぼうじどうしゃじぷた』渡辺茂男文　山本忠敬絵　福音館書店　一九六三／『がっこうのうた』ねじめ正一詩　偕成社　二〇〇四／『はたらきもののじょせつしゃけいてぃ』バージニア・リー・バートン文・絵　石井桃子訳　福音館書店　一九六二／『ずいとんさん』日野十成文　斎藤隆夫絵　福音館書店　二〇〇五★／傘屋の天のぼり（Ⓐ3）／『パイがいっぱい』和田誠作　文化出版局　二〇〇二／『1ねんに365のたんじょう日プレゼントをもらったベンジャミンのおはなし』ジュディ・バレット文　ロン・バレット絵　松岡享子訳　偕成社　一九七八／『こかげにごろり』金森襄作再話　チョン・スクヒャン画　福音館書店　二〇〇五★／『おさらをあらわなかったおじさん』クラジラフスキー文　バーバラ・クーニー絵　光吉夏弥訳　岩波書店　二〇〇九／だれかがドアをノックした『孔雀のパイ』ウォルター・デ・ラ・メア詩　まさきるりこ訳　瑞雲舎　二〇〇〇／黄龍（『竜の本』ルース・マニング・サンダース編　西本鶏介訳　ブッキング　二〇〇四）／りこうなうさぎかもしか（『世界の民話17』小沢俊夫編　ぎょうせい　一九七九）

6. 語りの場をつくる

『昔話が語る子どもの姿』小澤俊夫著　古今社　一九九八
『おちゃのじかんにきたとら』ジュディス・カー作　晴海耕平訳　童話館出版　一九九四

7. 昔ばなしを子どもたちに

猿婿（Ⓐ1）／『昔話の魔力』ブルーノ・ベッテルハイム著　波多野完治・乾侑美子共訳　評論社　一九七八／『昔話の語法』小澤俊夫著　福音館書店　一九九九／『ヨーロッパの昔話』マックス・リュティ著　小澤俊夫訳　岩崎美術社　一九六九／アリョーヌシカとイワーヌシカ（『まほうの馬』A・トルストイ　M・ブラートフ文　高杉一郎・田中素子訳　岩波書店　一九六四）／ノロウェイの黒ウシ（Ⓓ）／『改訂　昔話とは何か』小澤俊夫著　小澤昔ばなし研究所　二〇〇九

◎実践編◎

8. 伝統芸能に学ぶ

『狂言のことだま』山本東次郎著　玉川大学出版部　二〇〇二／『日本語の呼吸』鴨下信一著　筑摩書房　二〇〇四／『能と狂言』伝統と現代第三巻　伝統芸術の会編　学藝書林　一九七〇

9. 迷うこと・悩むこと

おしらさま（Ⓐ1）／お月お星（Ⓐ2）／源五郎の太鼓（『いちがぶらーんとさがった　笠原甚威昔話集』横越語り部サークル編　二〇〇八）／『〝グリムおばさん〟とよばれて』シャルロッテ・ルジュモン著　高野享子訳　こぐま社　一九八六／歌うふくろ（Ⓑ6）／ホットケーキ（Ⓑ18）／スヌークスさん一家（Ⓑ2）／すずめの恩返し（Ⓐ4）

10. 語り手たちにすすめること
まめじかカンチルが穴に落ちる話（Ⓑ8）／小石投げの名人タオ・カム（『子どもに語るアジアの昔話2』松岡享子訳　こぐま社　一九九七）／太陽の東月の西（『太陽の東月の西』アスビョルンセン編　佐藤俊彦訳　岩波書店　二〇〇五）／おおかみと七ひきの子やぎ（Ⓒ1）

11. 図書館をおはなしの場に
『中小都市における公共図書館の運営』日本図書館協会　一九六三／『市民の図書館』日本図書館協会　一九七〇／『ももたろう』松居直文　赤羽末吉絵　福音館書店　一九八〇★／『さんまいのおふだ』水沢謙一再話　梶山俊夫画　福音館書店　一九八五／『山の上の火　エチオピアのたのしいお話』クーランダー／レスロー文　渡辺茂男訳　岩波書店　一九六三★／『ストーリーテリングの実践』スペンサー・G・ショウ述　伊藤峻・竹内悊編　日本図書館協会　一九九六

12. おはなしの仲間
『どうらく息子5』尾瀬あきら作　小学館　二〇一二／『子どもの図書館』石井桃子著　岩波書店　一九六五／『子どもの読書活動の実態とその影響・効果に関する調査研究報告書』独立行政法人国立青少年教育振興機構　二〇一三

伊藤 明美　いとう あけみ

東京都生まれ。1982年より33年間、浦安市立中央図書館に司書として勤務。現在も小学校・保育園・学童保育クラブなどでおはなしを語る。

朝日新聞「子どもの本棚」書評委員、ブックスタート絵本選定委員などを歴任。福音館書店「こどものとも」「母の友」に、絵本や子どもについての記事を連載。主な著書に『児童サービス論』(共著 日本図書館協会)、『知っておきたい図書館の仕事』(共著 LIU)、『がまとうさぎのもちあらそい』(再話 くもん出版)がある。

小澤昔ばなし大学語り講師　日本図書館協会認定司書　小澤昔ばなし大学再話者協会会員

先生が本《おはなし》なんだね
語りの入門と実践

2016年11月13日　初版発行
2017年　1月20日　第2刷発行

著　者　伊藤 明美
発　行　有限会社 小澤昔ばなし研究所
〒214-0014　神奈川県川崎市多摩区登戸3460-1-704
Tel 044-931-2050　E-mail mukaken@ozawa-folktale.com
発行者　小澤 俊夫

印　刷　吉原印刷株式会社
製　本　株式会社 渋谷文泉閣

ISBN978-4-902875-78-2

カバー写真　©hi-bi/amanaimages